REIHE: ZEIT–GESCHICHTE

BAND 1: JÜRGEN GROßE: AUS VOLK UND FAMILIE

D1935813

Frau Krechel
mit besten Wünschen
zum Neuen Jahr!
J. G.   Januar 2003

edition fatal

Für Silvia Susana

Jürgen Große

Aus Volk und Familie

edition fatal

»edition fatal« Verlagsgesellschaft bR, München
Gesellschafter: Mario R. M. Beilhack, Anil K. Jain
www.edition-fatal.de, kontakt@edition-fatal.de

Reihe: Zeit–Geschichte, Band 1
Herausgeber: Anil K. Jain

Jürgen Große: Aus Volk und Familie

Die Arbeit an diesem Buch wurde gefördert durch
Mittel der Stiftung Niedersachsen.

Originalausgabe, München 2002
Dieses Werk ist urheberrechtlich geschützt.

Titelbild:
Ausblick des Autors (privat)

Bibliographische Information der Deutschen Bibliothek:

Die Deutsche Bibliothek verzeichnet diese Publikation in der Deutschen Nationalbibliographie. Detaillierte bibliographische Daten sind im Internet über die Seite http://dnb.ddb.de abrufbar.

ISBN 3-935147-12-0

Herstellung: Books on Demand GmbH

Inhaltsverzeichnis

Inhaltsverzeichnis

Aus Volk und Familie

MEIN VOLK

Das Volk handelt immer richtig. Deshalb klagt es auch nicht.

Seine Vergeblichkeit ist eine Haut, die es sich selbst nicht abziehen kann.

Es ist einsgeworden mit seinem Raum, es kann nicht mehr wohnen darin.

Land des Lächelns und der heimlichen Finsternis, Land der Finsternis und des heimlichen Lächelns; Aufgang und Ausgang des Lichts.

Jeder trainiert für ein Vorzugsübel – bestimmt die Plage, in der er besteht. Wir bestehen mehr im Überdruß als im Schmerz, mehr in der Angst als in der Verlassenheit.

Das Schlechte, das wir an uns finden, ist unabänderlich oder vergangen. Beides, die Einsicht und die Nachsicht, kommt aus unserer Geschichte.

Abgerundete Existenz kommt auf die schiefe Bahn zu rollen, das ist nicht unser Fall. Die Existenz selbst ist ins Schiefe geraten, wir haben das Gleichgewicht zu halten.

Unser Einfall, das Abendland sei zu retten, zeigt den Völkern, daß es uns nicht gehört – zeigt, daß wir es niemandem wegnehmen mußten.

Wer nicht verantwortlich ist, der sucht ein Engagement. Wir haben ein Ende gefunden, weil unsere Verantwortung ungesucht war.

Völker treten auf, deren Untergang wir nicht erleben, weil wir mit ihnen untergehen.

Das Ende, das jedem von uns reserviert ist, tröstet über die Einförmigkeit unserer Abläufe hinweg; das Ende zwingt uns, mitzutun an etwas Größerem, als wir sind, indem wir ihm zuwider sind.

Die Gemeinschaft der Hersteller ist uns peinlich, und die Versammlung des Hergestellten läßt uns gleichgültig. Unbedürftig sind wir, bis zur Hilflosigkeit.

Was uns fehlt, ist ein anderes Volk, ein Volk von Darstellern etwa, ein Volk von welchen also, die nichts sind. Es könnte uns darstellen.

Es gelingt uns kein Mitgefühl für jene, die sich von ihrem Schicksal nicht unterscheiden. Die also unser Schicksal sind. Daran leiden wir am meisten.

Wir sind in keiner bevorzugten Gegend geboren. Wo andere ihr Vaterland haben, gibt es für uns eine Vergangenheit, wo andere Grund und Boden fanden, bleibt für uns nur Zukunft.

Es hat sich das Volk nicht gefunden, das uns erlösen wollte, wahrscheinlich, weil es nach ganz anderen Völkern Ausschau hielt.

Wir nehmen keinen Aufschwung zur Erwartung und keinen Aufschwung zur Enttäuschung, wir verbleiben in der Enttäuschung.

Es kränkt nicht mehr, einem Volk anzugehören, dem man Mangel an Klarheit vorwirft, einem Volk mit wäßrigen Augen, in denen die Dinge der Welt selber schwimmen.

Wir sind weder von uns selbst überzeugt, wie die Neueren, noch von irgend etwas anderem, wie die Alten. Weil wir selbstlos sind, sind wir überall im Angebot.

Es gibt Regeln dafür, wie etwas zu tun ist. Es müßte noch welche dafür geben, was zu tun ist. Dann würden wir uns frei bewegen.

Welch ein Volk

Ein Volk, das nicht zu beleidigen ist. Alles, was es trifft, wird aufbewahrt. Durch die Zeiten ist nicht mehr unterscheidbar, was ihm überliefert und was ihm widerfahren ist. Wo wird die Überlieferung verwahrt? Wohin bringt man sich in Sicherheit, vor den gegenwärtigen Anwürfen? So ein Volk weicht jedenfalls nicht ins Künftige aus, wie die Völker, die jeden Schlag in einen Sprung nach vorn verwandeln. Man sammelt also Kränkungen. Man häuft sie zu einer Vergangenheit. Aber wo lebt man und wovon? Und wie wird überliefert, was schon seinerzeit niemanden richtig traf? Man lebt auf Pump.

Man seufzt nicht und bewahrt das Erlittene für einen anderen, den Kommenden. Dessen Gegenwart wird einen aufheulen und verstummen lassen.

VOLK UND VÖLKER

Zwei Rassen ziehen aneinander vorbei. Eine ist schon in den Städten, die andere muß hinein. Eine hat träge Augen und ein flinkes Maul, die andere träges Sprechen und den flinken Blick.

Einführung: Historische Völker nehmen dem Eingeborenen seine Gegenwart. Unhistorische verlangen vom Neuling die ganze Geschichte.

Vorstellung: Sich enthaupten, zur Kopfzeile seiner Geschichte werden.

Volk ist: von Zeit zu Zeit gefragt werden, sich durch Antwort nicht verändern.

Volk heißen, alles Mögliche sein können.

Es gibt nicht viele Wörter, die einem bedeuten, daß vor ihren Sachen alle Scheu fallen darf. Volk ist so ein Wort.

Volk ist, was Meinungen versammelt und wozu man keine Meinung haben muß.

Volk heißt, was sich feststellen läßt. Der nicht festgestellte Mensch heißt nach seinem Volk, bald nach einem anderen und schließlich nach seinesgleichen.

Lächerlich ein Volk, das über sich die Wahrheit sagen will, fürchterlich eines, das die Wahrheit eines anderen kennt.

Es macht traurig, ein furchtloses Volk in der Hoffnung, in der Bewegung zu einem ängstlichen zu sehen. Früher bewegten sich so die Eroberer, später die Ernährer der anderen Völker.

Die Medizinmänner müssen entscheiden, ob sie zu ihrem Volk oder zu den Medizinmännern aller Völker gehören wollen. Daran verzweifeln manche, sie wählen ein fremdes Volk.

Es gibt Völker, die aus sich selbst leben, das sind die zerstörerischen; es gibt Völker, die von anderen leben, das sind Völker, die die zerstörerischen leben lassen.

Wo es sich als Ziel eines furchtlosen Volkes erkennt, wird selbst ein glückliches Volk schwermütig.

Die leidlosen Völker würden den anderen ihr Leid neiden, wenn sie wüßten, in welcher Furchtlosigkeit es verzehrt wird.

Noch dem kleinsten und zerstreutesten Volk ist ein Aufschwung zugedacht, noch den größten und klumpigsten Nationen. Es gibt Stühle, auf denen Völker, festgeschnallt, in Sekunden die Würde wiederfinden, die ihre Geschichte vermissen ließ.

Niemals ist ein Volk seinen Lügen und seinen Wahrheiten näher, als wenn es ein anderes vor der Langeweile bewahren will – wenn es ihm den Eintritt verweigert in den Volkskörper.

Die melancholischen Völker sind die geschichtlichen: sie hängen ihr Herz an ein großes Unglück, an eine Bosheit oder ein Verbrechen – alles Dinge, die kein Volk zwischen anderen Völkern bemerkt oder als den Makel seiner Existenz erkennt, sondern die irgendwo dort draußen, im Schicksalhaften, geschehen sind, Dinge, die sich als fremdvölkisch getan oder erlitten erweisen und immer fester in die eigene Geschichte einwachsen, von der man sich zuletzt nicht mehr unterscheiden muß, um sie als Schicksal zu erleiden.

Ein Volk von romantischen Atheisten, von zartfühlenden Heiden, unverzärtelten Gottsuchern …

Die tätigen, die geschichtsfreien Völker, die nichts erleben und nichts erinnern und durch ihre Opfer vorm Verschwinden bewahrt werden, durch Herzensgüte, Verbrechensgüte, Verbrechensdurst …

Ein Volk von Skalpeuren, das in die Haut seiner Opfer das eigene Leben füllt …

Völker, die über ein gewisses Alter hinaus noch nicht verlernt haben, Erfahrungen zu machen, unbelehrbare Völker …

Das Verlangen der Völker des Ostens nicht nach den Zerstreuungen, sondern nach den Sorgen des Westens, also nach dem, was überliefert werden, was unzerstreut bleiben kann …

Ein Volk, das alles sein kann. Gefährlich. Um es ungefährlich zu bekommen, wird es dahin gebracht, alles zu können.

Die fügsamen, die resignierten Völker, die wissen, daß kein Ende zu erwarten ist, daß es kein Anrecht aufs Ende gibt, daß kein Anrecht auf ein Ende hat, was in der Mehrzahl lebt …

Das immer wieder schlimme Volk – Traum und Geschick des immerwährenden.

Die stolzesten Völker müssen die schlauesten werden. Wer aufrecht stehen will, muß gewunden gehen, was sich nicht bücken soll, darf nicht anecken.

Denkbar, daß die zwei ältesten Völker, das stolze und das schlaue, sprachlos vor dieser Wendung stehen.

Von einer bestimmten Größe an kann ein Volk nie wieder ganz glücklich oder unglücklich werden.

Je größer eine Nation, desto kleiner die Gefühle, die man für sie aufbringen kann, bis zuletzt nur noch das Mitgefühl bleibt.

Sehr kleinen und sehr großen Völkern fehlt es oft an Humor, Selbstvergrößerung und Selbsterhaltung erschöpfen ihn. Dazu das Gelächter der Mittelmächte.

Zu fremden Völkern

Es gibt keine Neugier, die nicht zur Verachtung führte.

Je mehr Sprachen einer spricht, desto weniger wird er sprechen, mit seinesgleichen.

Man kann in einer fremden Sprache nicht schweigen, nicht schlafen. Selbst das Auge muß gesprächig werden: unstet, matt.

Wahrscheinlich muß man für jede neue Sprache, die man erlernt, eine alte verlernen. Man kann natürlich auch dazulernen, dafür braucht man keine Sprache.

Die Fremdsprache fordert einem das Nötigste ab, sie zu sprechen. Man macht stets zu viele Worte in ihr.

Man möchte fremd sein in dieser Fremde, so wie man Opfer gewesen sein möchte in ihrer Vergangenheit.

Man möchte geopfert werden, aber man wird nur gezüchtet.

Das Sterben in der Fremde ist eine Niederlage, ein Versagen. Man kam hinzu und konnte doch nicht leben dort. Man stirbt nur in der Heimat gut. Den Siegreichen will die Heimaterde wieder.

Es strengt immer mehr an, Menschen merkwürdig zu finden. Deshalb dringt man ja bei ihnen ein, in der Fremde, als Gast und Feind und Vernichter, um sie von ihrer Unauffälligkeit zu befreien.

Immer unterwegs nach dem Leben, nach den Mängeln fremder Völker. Manche haben nichts vorzuweisen, zuerst. Aber sie sind gastfreundlich, sie kommen ins Grübeln, schlagen dies und jenes vor, verstimmen ihre Instrumente, bis der Gast klirrenden Ohrs abreist.

Man ist versucht, sich all diese entdeckten, bloßgelegten Völker in Bewegung vorzustellen, in einer Bewegung, die keine Entdeckung zuläßt und die sie im Gegenteil auf die Entdeckernationen zurückführt, durchaus in Demut, vielleicht um sich dort ihrer Schätze zu entledigen, sich Überfluß genannt zu hören und, davon befreit, endlich in Krieg und Handel geschichtliche Ruhe zu finden, wie jene.

Die Entdeckung eines anderen Volkes ist zwar immer ein Verbrechen, weil es verbrecherisch ist, auszufahren und nicht sagen zu können, wohin und wozu. Nicht verbrecherisch dagegen und nicht auch nur ein Jahrhundert lang peinlich ist es, die Entdeckten zu bestehlen. Man stiehlt ihnen nur, was sie undenkbar lange besessen hatten, fern aller Entdeckerblicke und aller Gewißheit, was sie also nicht behaupten konnten, wie alles, dessen Raub man nicht mehr erinnern kann, weil er unentdeckt blieb.

Reisen verdummt. Um hier wirklich etwas zu sehen, zu »entdecken«, muß pausenlos das Heimatmitbringsel verdeckt – das ist: gesichert – werden. Die Idee der Entdeckerreise ist Selbstbehauptung in Reinheit. Reisen, um zu schauen, das ist in viel höherem Maße dumpf als Daheimbleiben, das ist so dumpf, wie nur Selbstbehauptung ist. Die einzige Sympathie, die so ein weggereister Selbsterhalter erwecken könnte, wäre sein Anblick als Rück- und Heimsehender, aber von solchen zum Sehen verdammten Existenzen erfährt man nichts, sie bleiben unsichtbar.

Das bösartig Ausgreifende, Weltverschlingende gewisser Zentren kommt zweifellos von der dort bevorzugten Haltung, nämlich dem Sitzen, einer zu Angriffs-, zu Ausgriffslust verleitenden Mittelposition zwischen Liegen und Sichbewegen. Ein Reitervolk kommt nicht auf die Idee, irgendwo einen Mittelpunkt besitzen und diesen ausdehnen zu können, ebensowenig wie ein Volk von Opiumrauchern. Die Gehemmtheit, Fesselung durchs Sitzen auf Stühlen und an Tischen hingegen führt zu dem unglückseligen Wunsch, zwischen Hier und Dort, Nah und Fern, Mein und Dein eine Leidenschaft einzufädeln, der Blick hebt sich von der Tischplatte und schweift ins Fremdländische, die gewinkelten Glieder träumen Umspannungen und Ritte auf Besiegten.

Der Austausch der Völker, das ist der Tausch von Not gegen Langeweile. Selbst das ist ein Krieg – es wechselt ja nichts den Besitzer. Die den Notstand bringen, die bringen auch, daß man sich langweilt, die Eroberer teilen von allem reichlich mit und nehmen nichts mit sich.

Daheim sein im Überfluß, nichts Unnötiges mehr tun müssen und dennoch einen Fuß vor die Tür setzen, eine Reise tun wollen – kann man seine Lage gründlicher verkennen?

Die Völker bereisen zu können, drückt eine Art von Beschränktheit aus. Es ist ja alles auf das Reisen rückführbar. Dagegen die bereisten, beraubten, besiegten Völker: bei ihnen versammelte sich die Welt.

Die Reisevölker liefern beides, die Langeweile der Reisenden und das Leid der Bereisten, ihr Vermögen ist, daß sie das eine ausführen und das andere dalassen.

Im reifen Alter, wenn die Völker geschlossen aus und unter andere gehen, brauchen sie kein Gesicht mehr aufzusetzen, das Schicksal hat ihnen eines verpaßt, daran werden sie ihren Wirten und Wärtern erkennbar.

Das Willkommen in der Fremde enthält die Frage, ob man hier oder dort sein möchte, diese Frage wird zweckmäßig überführt in eine nach Damals oder Heute. Natürlich möchte man lieber damals gelebt haben. Soundsoviele Jahre jünger, nur noch wenige Monate in der Vergangenheit, im Unwillkommensein ausharren, dann Anbruch der Gegenwart, also der Gastfreundschaft. Auf die man sich schon freuen kann, ohne unter der Vergangenheit noch leiden zu müssen. Es steht einem bereits alles vor Augen. So wird man sagen. Man wird sagen: Ich kann mich schon auf euch, auf eure Frage freuen.

Je weiter man reist, desto mehr muß man mitnehmen. Je fremder das Volk, bei dem man ist, desto zivilisierter tritt man auf. Alles drängt einen hier zur Wiederherstellung des Heimischen. So entsteht Kolonialgeschichte. Man muß grausam sein in der Fremde, wenn man zivilisiert bleiben will. Schon die Abnutzung der Mitbringsel bringt das mit sich. Was sie an Komfort boten, muß durch Menschenkraft ersetzt werden. Nicht durch die eigene, man will sich ja wie zu Hause fühlen. Man baut sich aus Trümmern und Schädeln sein Haus in der Fremde.
In der alten Heimat dagegen macht sich ein Naturvolk breit. Da zu Hause nichts mitgeführt werden muß, kann man von fast allen Dingen des Lebens lassen. Ein Zuhause ist der Begriff dafür, daß alles da ist. Man lebt hier deshalb so verschwenderisch und ungeschützt wie die liebe Natur selbst. Auch daß alles durcheinander wächst und man sich kaum bewegen kann, gehört dahin. So ein Kind des Zuhauses darf darum mit Recht sagen, es fühle den Drang der Natur in sich, nach Ausdehnung, nach Verschlingung, oder auch nur nach unbesehenem, ungefördertem Wachstum.

Reisen, das sind Orgien der Verwüstung, die man erträgt, solange man unterwegs ist.

Wenn man im Lande bleibt, dann merken die anderen, wie allein man ist. Wenn man in andere Länder geht, merkt man es selbst.

Ein Volk, das immer nur in der Fremde sich herumtreibt, wird nicht verzweifeln. Man verzweifelt nur daheim.

Was ist Gastfreundschaft mehr als eine abgezählte Reihe von Feindseligkeiten, die man sich erspart?

Besuch beim fremden Volk, etwa bei jenem, das im eigenen lebt, hinterläßt Bestürzung. Alles verläuft wie beim eigenen, ist aber Effekt einer Bemühung. Wovon lebt, was in dir wächst und sein will wie du?

Perfektionsgrad des Parasitismus: von fremden Völkern leben, ohne es diesen an etwas fehlen zu lassen, nur daseinschlingender Blick sein.

Man muß in einer fremden Sprache überwiegend ernsthaft sein oder heiter. Das beschwert am meisten.

Wer sein Leben kennenlernt, verwirkt es. Wer seine Sprache findet, verlernt sie.

Verhalten von Völkern, die darauf zählen, daß ihre Sprache verstanden wird, und von solchen, die nicht zählen.

Sich in der Fremde zurechtfinden, Ordnung in seine Vorurteile bringen.

Nur noch beschreiben, was sich unmittelbar vor- und aufdrängt, d.h. was sich nicht übersehen läßt und was sich nicht aushalten läßt.

JENES VOLK

In diesen Gesichtern ist noch Andeutung möglich, in jenen ist schon alles da, und dort bleibt es auch.

Es ist eine Rasse, unfähig, sich in der Fremde zu fühlen, sie fühlt aber alles Fremde sofort.

Unabhängige Geister, frei von dem Grund, über den sie gehen.

Harte Freundlichkeit des Sonntags. Eiserne Kiefer mahlen die Botschaft. Kein Zweifel, unter dem schlimmsten Deutschen hätte man sich mehr zu Hause gefühlt. Es wurde böse Miene gemacht zum bösen Spiel, wenigstens.

Angekommensein. Das Volk der Angekommenen.

Man findet sich bald ein hier. Nach zwei, drei Wochen unter ihnen hat man das Bedürfnis, jemanden umzubringen.

In welcher neuen Welt man auch angekommen sei, nach drei, vier Wochen versteht man diesen Wunsch, seinesgleichen umzubringen.

Eine Nation, die weiß, daß nichts für sie spricht, als daß sie das Schicksal aller anderen ist.

Eine Freiheit, die nach Schicksal stinkt.

Geschichte kommt aus einer Welt, in der man zerstört, um aufbauen zu können. Die jüngsten Nationen sind am meisten gebläht von Geschichte, mit Recht. Ihnen ist Geschichte, das Ersetzen des Vorgefundenen durchs Gemachte, Prinzip, nicht bloß Überlieferung. Was sie sind, ununterbrochen, sind sie durch Geschichte. Man muß ihre Gesichter gesehen haben, die Verglasung beim Anblick von Zerstörtem, das anschließende Handfestenglück, mit aller Tüchtigkeit wiederaufzubauen. Ob Ruinenstädte, ob gestrandete Wale, schön ist es, etwas auf den Weg zu bringen, wo keine Wege mehr sind. Was die Jüngsten sind, können sie nicht anders sagen als durch Geschichte. Ihre zerstörerische Anverwandlung, Einheimsung der Welt ist ihnen Geschichte eines Fundes, der allerdings nicht jedem glücken konnte. Wenn da keine Geschichte mehr ist, muß der Welt an Geschichte mitgeteilt werden, was immer sich finden läßt.

Man wagt nicht sich auszumalen, was einem Volk blüht, dessen Nachbarn ihm in Liebe als auch Freundschaft verbunden sein wollen. Wahrscheinlich werden diese Anspruchsvollen irgendwann Fremdsprachen erlernen und die bösen Bemerkungen verstehen, mit denen ein Volk in die Familien oder die Einsamkeit findet.

Die ganze Sache – beginnt sie mit einer Fluchtbewegung? Die sich am verlassenen Weltteil in Rache der Verschlingung verkehrt? Oder ist nicht schon die Flucht ein Verschlingungswille, der zuhause nichts mehr vorfindet, weil er selbst vorgefunden wurde?

Einsamkeit ist die leichteste Sache von der Welt geworden, sie haben die Einsamkeit korrumpiert, sie teilen sie, barmherzig, geschäftstüchtig, aus. Es ist nichts mehr wert, einsam zu sein. Hier wird gegessen, was die Kelle gibt.

Ihr Wappentier ist das frühreife Kind: sie lieben es, und sie gleichen ihm. Altklugheit ist der Inbegriff eines Wissens, das aufs Alter eines Menschen zielt, aber von diesem abziehbar ist. Das altkluge Kind hat die Fähigkeit, alles in Zeichensprache zu übersetzen, es gebietet über ein Wissen, zu dem ihm sein Alter nicht verhalf. Der Genius eines Übersetzers wird hier bewundert. Man weiß nicht mehr, wann der anfing mit seinen übertragenen Reden. Das von den Ältern Gesagte ist derart gründlich bezeichnet, daß sie's nicht wiedererkennen und die ureigene Sprache der Kindheit zu vernehmen meinen. Womit sie ja recht haben, Kindheit ist ja Sprache überhaupt, reines Gesabbel, Wortverfügen, von aller Zeit entleert.

Der Gedanke kann nicht abgedrängt werden: wie diese Rasse die Welt überzieht, oder: daß das, womit sich die Welt überzieht, die Sprache dieser Rasse spricht.

Ihr Leben ist hart und ohne Gewicht, Folge einer Erhebung, die alles andere war als Hochmut.

Man kann für diese Nation kein Mitgefühl empfinden. Man kann nicht genau sagen, warum das so ist: weil sie Mitgefühl fordert, weil sie Mitgefühl erweckt?

Die stumpfsinnige Munterkeit all der Nationen, die den Mittagsschlaf nicht kennen, muß auf eine – längst vergessene – Zudringlichkeit ihrer Vorfahren zurückgehen, mit der diese eine gutmütige, doch vielleicht etwas schläfrige Götterrunde wachbrüllten oder -beteten.

Ich versuche, im Gähnen eines Weltmeerstädters und im Röcheln meines kleinen Volkes denselben Ton zu hören, ich habe mir sagen lassen, daß

Menschlichkeit so verfährt. Ich weiß nicht, ob es mir gelingt, aber das weiß ich, daß es mich unmenschlich anstrengt.

Nichts hält wärmer als die Sprache, die man spricht und nicht versteht.

Man muß reden in dieser Sprache. Wenn man hören würde, dann verstünde man sie nicht.

Niemand, der diese Sprache spricht, läßt sich gehen, niemand verstellt sich. Das zu glauben fällt so schwer.

Rassemenschen

Weil sie zu nichts da sind, sind sie zu allem gut.

Sie sind nicht zu gebrauchen. Man hat sie nicht nötig. Sie taugen zu nichts. Sind sie Selbstzweck? Taugen sie als Luxus? Ihr Gott wird es wissen.

Im Getriebe von Volk und Welt sind sie das Schmierfett. Was ohne sie geht, geht glatt mit ihnen. Daraus die doppelte Anklage: sie seien nicht zu gebrauchen, sie seien die Unverbrauchbaren – was also braucht man sie, was brauchen sie denn?

Gesund und glatt holt man sich das Unbrauchbare herbei, eben mangellos. Aber man hat das Unbrauchbare mißverstanden, wenn man es herbeiholen will wie das Brauchbare, denn mit dessen Einverleibung stellte sich alles weitere von selbst ein. Deshalb trifft einen das Unbrauchbare wie ein Schicksal, das man nicht nötig hat; das Schicksal, ein Luxus, stellt sich von selber ein.

Das ungeheuerliche Nachahmungs- und Fortsetzungstalent dieses Volkes unterscheidet es deutlich von anderen blick- und tatgenauen Völkern: bei denen kommen die Darsteller wie die Hersteller niemandem über den Hals mit ihrer Begabung, man ist dort nichts weiter als das, was man sieht oder tut … Auf das einzigartige Doppeltalent dieses Volkes, sein ewig Irrendes zugleich, zeigen die anderen darum mit ausgestreckten Fingern. Fern von ihnen sei dieses Volk! Um es zu verstehen, müßte man Mitgefühl aufbringen für seine Angst vor allem Fremdvölkischen, Gastgeberischen, die reines

Schauen oder Tun nicht zuläßt, sondern es sogleich äffen und schaffen läßt. Aber wer soviel Mitgefühl aufbringt für die äffenden Schaffer, verliert es an die Angst: dieses Volk verstehen hieße seine Herrschaft anerkennen, hieße in seine Dienste treten, in die Dienste eines Volkes, das weder herrschen noch dienen kann.

Jede Minute, die dieses Volk gegen seine Feinde kämpfen, also für sich sorgen muß, fühlt es als unrettbaren Verlust: es würde um so viel gekonnter gegen sich selbst wüten. Man begreift die Eifersucht, mit der es sein Dasein behauptet vor den anderen Völkern.

Daß sich die Rasse so rest- und mühelos zu bieten vermag, kann nur eins bedeuten: sie ist schon aus der Welt, muß nicht befürchten, während der bietenden Rede zu vergehen.

Mit der Wohlerzogenheit, mit der sie ihre Einsamkeit verzeichnen, suchen sie Gesellschaft. Das eine gehört sich so und das andere auch. Ihre Einsamkeit ist so grundlos, ihnen so auf- und zugefallen, wie ihr Gemeinsames. Die Armut des einen zeigt sich darin, wie sie das andere suchen. Was sie außerhalb aller anderen suchen, ist arm, sie sind ja ihr bestes Teil.

Bald kann man keine Liebe mehr aufbringen für dieses Volk, da fängt man an, es zu bewundern für diese Begabung, einem ungeliebt die peinlichen Gefühle zu ersparen.

Es ist noch etwas anderes als Hochmut, das sie nicht sofort zugreifen, in kühler Freundlichkeit verzögern läßt. Sie wissen, wie schnell man ergriffen werden kann, wo Eigenarten zutage treten; ehe man sich's versieht, ist man dieser oder jener, fest- und feilgehalten für jedermann.

Ein Volk, das alle anderen zu berühren wagt, getrieben von etwas, das sich nicht berühren läßt.

Eine Sprache versteht man, wo man widerspricht. Man versteht ihre Sprache nicht. Deshalb widerspricht man ihnen.

Nicht spricht es aus ihnen, sondern sie sprechen es aus, möglichst oft, möglichst schnell. Ein Volk von Spuckern, von welchen, die andauernd ausspucken müssen.

Woanders bibbert man vor Scham, vor dem Übergriff auf die heilige Oberfläche. Hier ist nichts mehr abzuziehen. Das Fotografieren zeigt, wie es um sie steht, man kann die Abzüge liegenlassen.

Sie passen in jede Lücke, die der Tag läßt. Fugenlos zeigen sich die Jahre, die sie füllen. Fast kann man keinen Unterschied mehr entdecken zwischen ihnen und sich, sie haben die wunderbare Gabe, auch die bizarrsten Auswüchse und Vertiefungen gleichmäßig zu firnen. Gefangen mit ihnen im Alltäglichen, kommt man nicht auf den Gedanken, daß man es mit einem Volk zu tun habe. Man würde keinen Finger krümmen für sie.

Barbarische Völker

Ungepflegte, ungehobelte Völker von herausragendem Fleiß und Wohlstand, die unvermeidlichen Nachbarn kultivierter Zweitplazierter, erwecken Hoffnungen eigener Art. Sie haben von ihren Nebenvölkern alles übernommen, auch die Tisch- und Sprech- und Schreibsitten, aber sie glauben nicht richtig dran. Sobald sie daheim sind, sprechen sie mit vollem Mund über die Tagesgeschäfte und finden ihre Vertreter draußen lächerlich, sie glauben ihnen keine Geste. Solches Rüpeltum wäre noch keiner Hoffnung wert, wenn es bei armen Leuten vorkäme, aber bei wohlbestallten Völkern liegt die Sache anders. Hier kann man sich durch Verdienst und Vorrat Weisheiten leisten, die woanders von knurrenden Mägen übertönt werden, der Lachreiz, den die kultivierten Nachbarn erregen, und das mühsam zurückgehaltene Gebrüll aus vollen Backen sind gar nicht so weit entfernt vom gastrischen Toben des Einvernommenen. Bei den Überfressenen, Unkultivierten, vielleicht: Neureichen, gelingt der Durchstoß auf die Gründe und Abgründe des Völkerlebens eher als dort, wo erst mühselig eine um die andere Manierlichkeit abzutragen wäre. Die wohlbestallten Flegel sind die Statthalter einer ältesten Weisheit der Völker, unter lauter gewitzigt gewordenen Nationen bricht in ihrem Rülpsen Volksweisheit durch.

Man liebt die ungesäten, ungezogenen Volkstümer, die einem zugewachsen sind wie ein Buckel, den man niemals sehen wird und der irgendwann nicht mehr drückt, und man liebt die mit Zirkel und Lineal entworfenen Nationen, ihre eckigen Gesänge und Grundsteine, die einem kurze Zeit fremd, dann verschwunden und auf immer teuer sein werden.

Die hungernden Katzen, die hinkenden Hunde überall – hier muß das Volk aus Menschen bestehen.

Eine Nation, die von rohem Fleisch lebt, die Haut aber nicht wegwirft, sondern mit eigenem Volk füllt.

Es gibt Völker, die man nicht durch Intelligenz beeindrucken kann. Das erklärt viel vom barbarischen Sichaufführen der gebildeten Nationen.

Es hat barbarische Völker gegeben, die es nie bis vor den Eingang der Zivilisation schafften, weil ihnen Ehre im Leib rumorte – weil sie es nicht lassen konnten, sich beim Wort nehmen zu lassen. Zu jeder Weltgegend fällt einer zivilisierten Nation das eine oder andere Volk ein, das ihr so die eigene Geschichte düngen half; nirgendwo fällt ihr dabei das Volk ein, das einen Gott beim Wort nehmen und lassen wollte.

Erwählte Völker

Die Auswahl fällt auf ein Volk, nicht besonders groß, alt, schön, klug, reich usw., dessen Nebenvölker einer anhaltenden Folge von Unglücken ausgesetzt sind, deren Früchte sie aber niemals ernten dürfen – es wird ihnen, z.B., verwehrt, in einem glücklicheren Nachbarn, zum Beispiel in dem erwählten Volk, unterzugehen. Dieses fühlt sich alsbald in die Mitte der moralisch bewohnten Welt versetzt und weiß es eines Tages auch, durch Ergehen einer göttlichen Aufklärung über seine Geschichte und eines göttlichen Gebots für seine fernere Aufführung: damit es dem Volk in der Mitte gut gehe, müßten die ringsum anderswohin gehen, das sei – nach dieser Aufklärung zumal – kein Schicksal mehr, keine von oben gekommene Geschichte, sondern eine, die zwischen den Völkern stattfinde. In deren Zentrum zu stehen heißt fortan, sich auszubreiten. Mehr ist an Bewegung nicht gefordert. Wenn es keine freien Flecken mehr gibt zwischen den Völkern, dann ist alle Bewegung moralisch und nicht überschaubar, somit allein guter Wille gefordert. Diesen erkennt man bei dem erwählten Volk, ihm wird darum göttliche Unterstützung zuteil – das Schicksal der unerwählten Völker wird in seine Hand gelegt, ihre Vernichtung ist freigestellt. Auch das ist wieder mit einer Auflage verbunden: das Volk in der Mitte muß sich der Geschwächten und bald Verblichenen würdig erweisen. Der Vollzug von deren Schicksal darf nicht eine besondere, eine Volks- oder Stammesmoral und deren Bitterkeiten sehen lassen; zu universellem Vergnügen muß das erwählte Volk dasein und fortan ganz allein. Dadurch wächst die Verantwortung dieses geschützten bzw. verschonten Volkes ins Ungeheure. Es muß sich glaubhaft vergnügt zeigen, zunächst einmal an seiner Erwähltheit. Seinen göttlichen Beiständen und Beihilfen muß es sich in voller Selbst- und Gottvergessenheit bieten, es muß sich seinem Vergnügen restlos geopfert haben, so daß etwaige Reste, übersehen-verschontes Leben, ohne besonderen Aufwand zerdrückt werden, d.h. ohne den – falschen, fälschenden – Anschein eines erhöhten Vergnügens, nur aus dem Reichtum der göttlich verliehenen Vergnügungs- und Vernichtungsmacht heraus. Die moralische Empfindlichkeit der Volksgenossen gegeneinander wächst dadurch, man kann es sich denken, ins Überlebensgroße. Ein großes Volk ist es ja inzwischen geworden, durch Zuzug und Einzug kränkelnder Völker ringsumher. So hat sich noch nicht überall herumgesprochen, daß man der Mitte des Erdkreises überall gleich nahe ist, an diesem Sinn für Entfernungen erhält sich der Glaube an privilegierte Orte ungerechtfertigt lange. Kommt man dorthin, sieht man Gesichter, die fast mißvergnügt scheinen, die frischen Zuzügler werden Denunzianten im Gottesstaat.

Götter, die sich ein passendes Volk erst suchen müssen. Daraus folgende Anstößigkeiten: vernachlässigte, verunsicherte, verwahrloste Völker oder hin- und hergeworfene Völker. Göttermangel oder Göttergedränge. Die Geschichten einer Zähmung: Erlösergottheiten, die ihre erwählten Völker zu wilden Tieren erklären, ihnen manche Anmut nicht absprechen können und ihnen Fütterung und Hege versprechen und vor allem: ewigen Aufschub der Schlachtung.

Dagegen die sparsamen, mit ihren Kräften und Versprechen haushaltenden Gottheiten, die ausgesuchte Völker unter Vertrag und zu sich ins Haus nehmen, die ihnen Schutz gegen alle Feinde, Reinerhaltung und also Hausschlachtung garantieren.

Nicht die Unlust, sondern die Unfähigkeit eines Volkes, sich zu verschulden, würde es frei machen von mehr als nur seiner Geschichte, es würde jenen vorgeschichtlichen Zustand errichten, in dem keines des anderen bedurfte. Beim besten Willen weiß man nicht mehr, wie man sich Schulden zuziehen soll, damit das Leben nicht ausgehe; an den Geschenken der andern Völker würgt man bis zum Überdruß, Jahrtausend-Verträge schließt man täglich, selbst in der Vergangenheit sucht man nach langfristigen Schuldverhältnissen. Umsonst. Die Völker fallen voneinander ab, jedes Volk zerfällt in Schuldbefreite. Was nicht alles würde man sich jetzt bieten lassen von so einem Blut- und Erwähltheits- und Vergeltungsgott ...!

Das Geschwätz eines geängstigten Volkes ist der reine Profit der stummeren, vielleicht wortreicheren, aber satzärmeren Nationen um es und gegen es, auch über ihm. Was eines von denen zu sagen hätte, könnte nur Furcht einflößen; ein stilles Volk ist nicht nur frei von dieser Furchthabe, sondern gibt auch dem satzbauenden Angstvolk einige Gelegenheit, fortwährend sich freizuschwatzen von der Übermacht fremder Worthabe, endlich erkennt so ein stumm-wortreiches Volk in den Sätzen, mit denen die Schwätzernation es verneint, seinen Reichtum, indem es über Erhalt oder Vernichtung dieses Geredes gebietet, über seine Habe die verschiedensten Worte macht.

Durch die Einrede, er sei ungerecht behandelt worden, hat man den Menschen in die Geschichte gelockt. Die Ungerechtigkeit ist für den Gang des Geschehens so unverzichtbar, daß sein Veranstalter sich noch selbst ein Unrecht nachsagen ließe. Wo alle sich ungerecht behandelt fühlten, müßte nichts mehr geschehen, dagegen gibt es die erwählten Völker.

Eine Volksphantasie: Aus dem Schoße der oft geprügelten, niemals ganz zerschlagenen Nation wächst ein Rächer empor, der über all die Verbrechervölker um die durchbläute Nation Gewalt gewinnt, weil er sie überschaut; mitten in der Luft hält seine Ausgleichspranke inne, die Rede vom Verzeihen fängt an, sein Muttervolk steht ungerächt da, endlich begreift es die Vollkommenheit der Satisfaktion. Sein vollkommenes Gedächtnis macht den Verzeihenden zum vollendeten Verbrecher, ihn läßt die Nation über die Welt kommen.

Alles, was dergleichen Volk erduldet, gehört ihm nur, wenn es weiter duldet. Mehr kann es nicht tun für sich.

Was ihm widerfahren ist, darf nicht mitteilbar sein. Auch wo sie längst tot sind, leidet es an seinen Widersachern, an ihrer ungefragten Mitteilung eines Leidens.

Ein Gott, der sein Volk warten läßt und es doch nur langweilt ... Seine Unpünktlichkeit ist Zudringlichkeit.

Wer nur uns etwas offenbart, der will uns verraten.

Geschützt von der Verzweiflung, schlafwandelt ein Volk durch die Zeiten, kein Haar wird ihm gekrümmt.

Kein Herz rühren für oder wider sie.

Was wünscht man nicht alles ausgesuchten Völkern ... Zum Beispiel, daß sie sich sagen müßten: Es gibt keine Feinde mehr. Wir sind allein.

Ein erwähltes Volk sucht sich ein anderes, um an sich selbst zu leiden; andere Völker leiden, wo man sie auswählt.

Ohne Verdienst, ohne eigene Einsicht findet ein Volk mit eiternder Seele zum guten Geschmack: es will seine Leiber nicht wuchern lassen, es bleibt bei sich, bleibt allein.

Ein Söldnervolk aus Niedrigem aller Art, gemischt zu höherem Zweck, hat zu dessen Prüfung ein althergebrachtes Volk nötig, ein Volk von Propheten und Polizisten.

Die Einzelnen dieses Volkes gut zu behandeln hieße nichts anderes, als bald sein Ganzes zu malträtieren. Zuvorkommend sein zu können, das hieße soviel wie: seinem Schicksal zuvorzukommen.

Was kann einem Volk geschehen, das sich durch andere erkennen läßt, wie soll verlorengehen, was von sich reden macht?

Welches Volk müßte nicht gedeihen im Schatten freundlichen Desinteresses?

Über nichts wird soviel nutzloses Wissen aufgehäuft wie über das, was man liebt. Vielleicht machen die erwählten Völker deshalb einen so verwahrlosten Eindruck. Vielleicht wurden die erwählten Völker deshalb so sorglos behandelt.

Die Entdeckung der Untreue bestürzt weniger als die Entdeckung einer Treue, die nicht dem Entdecker gilt, einer Treue unter anderen ... Selbst die Treulosigkeit gegen das Entdeckte macht den Menschenschmerz nicht wett, daß ein Gott viele erwählte. Der Haß der erwählten Völker gegen die zutraulichen, die unentdeckten …

Selbständig sein, selbstherrlich sein, das heißt, auf dem Sammelplatz der Herrlichen, der Selbstände, in der Geschichte: zu zerstören. Krank zu sein und abhängig, das heißt: das Selbstherrlich-Zerstörende sein zu lassen, von ihm zu leben.

Wen uns die Leute empfehlen, für den tun wir nichts. Wir haben zusammengerechnet, wie viele Leute ihn empfohlen haben. Was können wir noch tun für so einen?

Die Möglichkeit, dauerhaft jemanden zu kränken und endlos zu bereuen; die Ermöglichung der Treue.

Auserwählte Völker müssen nicht auswählen, sie haben zu allem eine Meinung, ob unterwegs, ob auf ihrem Gästebett.

In dem Drang sich zu verlieben greift man nach dem Nächstbesten, also nach der Katastrophe, also nach dem, was nicht gleich über einen kommt.

Man versucht sich vorzustellen, wie es ist, geliebt zu werden, aber umsonst, man scheitert stets an der eigenen Liebe.

Das Geliebte und das Ungeliebte in gleicher Helle sehen, so ungerecht sein wie der Gott der Liebe selbst.

Die Erwählten wünschen ihren Gott geizig. Erwähltes Volk erträgt eher die Mitteilung, es werde nicht geliebt, als die Ahnung, es werde neben andern geliebt: selbst in dem, womit es nicht verfolgt wird, fordert es Ausschließlichkeit.

Man erholt sich nicht mehr von der Kränkung, erwählt und erhoben zu sein. Ein Volk, dem durch Erhöhung seine Tiefe mitgeteilt wird? Die andern Völker stehen ratlos vor diesem Fall. Alles ist möglich wider solch ein Volk.

Die Erwähltheit schließt Herablassungen der Gottheit aus. Sie erniedrigt das Menschliche weniger als die allseitig ausgegebene Liebe, die Arroganz der Liebe, die Unverschämtheit der ungeteilten Zuwendung.

Der Haß auf ausgesuchte, ausgewählte Völker, ein Produkt von Vereinsamung, vielleicht Alterung eines Volkes: im Alter aufmerksam geworden nicht nur auf das, was zustößt, sondern auch auf das, was zugestoßen ist.

Ein Volk, das nicht träumt und zum Schmarotzer an den Träumen fremder Völker wird: es beginnt von ihnen zu leben, es bietet Deutungen dieser Träume an. Die träumenden Völker spüren's nicht und schlafen weiter, die traumlosen vermehren sich wie im Schlaf.

Die Freunde eines Volkes erinnern sich seiner, wenn es tot ist, Feinde halten es am Leben. Völker, die sich Freunde machen, Völker, die ihre eignen Feinde sind. Selbstbezügliche Völker. Das selbstbezüglichste Volk: sich unerträglich nahe ohne Feinde. Deren Erschaffung, um sich zu ertragen. Erschaffung der andern Völker. Erwählung durch diese.

Der Haß gegen ein ausgewähltes Volk, also irgendeiner dieser -ismen, erfaßt und erkennt dieses Volk wirklich, er läßt es nicht mehr los, aber es entgehen ihm die anderen Völker. Der einäugige Volksfeind wird zum Blindgänger unter den Völkern.

Der Trog, aus dem ein erwähltes Volk mit allerhöchstem Wohlwollen gefüttert wird – er ist so klein, daß sich kein anderes dazudrängen kann. In Abwesenheit der Erwählten schmatzen hungrige Völker an dem Rund der Erwähltheit, und wie sie zueinander die Rüssel heben und einander in die Augen fassen, wissen sie nicht: kamen sie als Schweine hierher, machte dies Drängen, dies Fressen sie zu Schweinen?

Ein Volk, das sein Schicksal mißversteht: regelmäßig werden seine trüben Tage aufgehellt, seine hellen Tage eingetrübt. Es wird darüber bigott und unverschämt, also dialektisch. Es redet von Ankunft und Abkehr seiner Schicksale und merkt nicht, daß sich der Wandel eines Volkes bedient, um kein Schicksal zu haben.

Der Haß, der fünf, sechs Weltalter eine Nation trifft, läßt diese ohne Geheimnis zurück. Darüber muß jedes verhaßte Volk fromm werden. Wer kein Geheimnis mehr hat, hütet eines.

Haß, Bosheit und Feindschaft

Der Haß und seine Werke sind zur Gesundheit der Seele unabdingbar, aber diese Seelengesundheit wird verspielt, wo man über seine Kräfte haßt. Das ist meist der Fall, wo die Vernichtung eines Feindes zuwenig Mühe bereitet hat; man läßt auf die Leichname, selbst die Schatten der Erledigten Schlag um Schlag regnen, wird ganz ausgelaugt, schwach und melancholisch davon, fängt schließlich an zu flennen und fällt dem ersten besten Abkömmling seines Feindes um den Hals.

Das Schlechte ist nicht banal und kräftig gebaut, sondern zart und pflegebedürftig, mit Wurzelwerk, noch ganz unter dem Mutterboden einer umfassenden Indifferenz ausgebreitet. Nur zögernd will es über die Erde kriechen. Nur langsam will es sich losmachen vom Grund zum Bösen. Einem auf allen dreien, vieren kriechenden Teufelchen möchte man die Erlösung von Banalitäten verdanken, doch wo es einem das Blut auslassen sollte, da ist es einem an der Brust eingeschlafen.

Die Rachsucht zielt auf Beruhigung einer Feindschaft; was man sich erhofft, erhofft man nicht von den Feinden. Das Verzeihen heuchelt Ruhe in der Hoffnung auf Gewinn – es kann, wahrhaftig, nicht sagen, welchen Gewinn seine heimliche Unruhe erbringt, darin besteht ja die Hoffnung.

Ruhe und Frieden träten ein, wo sich alles mit gleicher Kraft hassen würde. Das wäre ein Haß, der von den Hassenden absehen könnte und vielleicht hinsehen auf das, was einem jeden fehlt. Aber die Hassenden der Erde finden nicht zueinander, immer ist einer dem andern voraus oder nicht greifbar, Jahrtausende muß man sich an die Schafe halten, die einem vor die Klaue kommen.

Der Erfolg der Rache in ihrer vorzeitigen Befreiung von der Rachsucht. Es gelingt dir, nach langem Zuwarten, dich an jemandem zu rächen. Er hat den Anlaß zur Rache vergessen, du nicht. Er fühlt sich gekränkt durch deinen Anschlag, du beginnst dich zu rechtfertigen und empfängst das müde Verzeihen eines, der dich schon immer und trotz allem liebte.

Alle Traulichkeit leuchten einem Feinde ins Heim. Vor den Toren stehen sie und warten, während man wacht. Immer sind sie wach, immer wartet man auf ihr Erscheinen. Es kommt aber nur ein schmaler Lichtstrahl hinein, der erleuchtet den Freunden die ganze Stube. Nichts Schöneres, als jetzt hinausgeschickt zu werden vor die Tür, für ein Viertelstündchen, um im Dunkeln zu wachen. So muß sich Weihnachten anfühlen, so ein Friedensfest.

Es fällt leichter, einen Feind in seiner Familie zu belassen und diese als ganze zu zerstören, als ihn herauszulösen: Feindschaft ist die Fähigkeit, etwas genau zu benennen, zu ergreifen und zu zerstören, diese Grundidee von Umgrenzen und Erfassen muß hinfällig werden vor einem Feind, der sich in Familie aufzulösen versteht. Die Vorstellung, daß die Familie etwas Sonderbares, Seltenes oder Anfälliges sei, das der Schonung und Pflege bedürfe, steigt gleichzeitig auf mit der Idee der Vernichtungskriege. Beiden liegen gewandelte Vorstellungen über den Einzelnen, die Familie und das Ganze zugrunde, die jeweils Objekte von Haß oder Pflege werden sollen. Weder der Feind noch ein Volk, dem man über den Hals kommen will, sind aus der Familie gewachsen, diese ist im Gegenteil eine Züchtung für Friedens- und Vorkriegszeiten, ein Lieferant von Verwirr- und Vernichtungsstoff fürs feindliche Auge. Die Familienförderung blüht in den Zwischenkriegszeiten, sie folgt einer vernichtenden, allzu genauen Benennung Einzelner oder ganzer Völker.

Die Spaltung eines Volkes oder einer Familie entspricht dem Wunsch, die andere Hälfte sein zu lassen, was man nicht erträgt, also etwa Bösartigkeit. Darum weiß eigentlich nicht, was er will, wer diese langgehegten Wünsche nach sichtbarer Bosheit nicht mitteilt: die Gemeinheiten, die man in einem solchen Moment zurückhält, werden einem fremden Volk, einer fremden Familie zum unverdienten Asyl. Schweigen schickt sich für eine gemeinsame Geschichte, die ganze Vergangenheit der falschen, schmerzenden Einheit. Warum teilt man sich denn, wenn nicht um mitzuteilen, was man zuvor nur denken und leiden mußte? Das Leben des Mitgeteilten macht alles wieder gut; die Sorgfalt der Gehässigkeit verrät, was man in der gemeinsamen Geschichte erkannt hat. Wer am Ende schweigt, hat umsonst erkannt, umsonst gelitten; es kann ihm widerfahren, daß er sich als Pflaster auf der Backe seiner Peiniger findet, auf der keine Wunde ist.

Ein Volk, das von Gott geliebt wird, geht verloren in der Welt. Es erfährt nichts von seiner Herkunft und seinem Glauben. Durch den Haß bindet Gott sein Volk an sich, auf zweierlei Weise. In den Offenbarungen bindet er die Seinen unmittelbar, die Schuld, von der sein Volk hier erfährt, kann es sich nicht in der Welt erworben haben, sie muß in seiner Gotteskindschaft bestehen. Mittelbar verpflichtet der Volksgott die Seinen durch die anderen, feindlichen Völker. Indem das Gottesvolk seinen Haß an Unwürdige, eben Gottlose verschwenden muß, d.h. nicht auf sich selbst verwenden darf, wird es Gott der Strafe wert, es bekommt ihn unmittelbar zu Gesicht. Um nicht mit hier- und dorthin verdrehten Augen zu sterben, nicht die Einheit des frommen Gemüts einzubüßen, gewöhnt sich das entsprechend auserlesene Volk daran, in seinen Feinden seinen Gott zu erkennen. Seine Frömmigkeit im Verhältnis zu den Völkern, zu deren Vernichtung es sich anschickt, ist so wahrhaftig wie deren Verhältnis zu ihren jeweiligen Göttern: jedesmal ein ungleiches Verhältnis, dort ein Überschuß der Gegenrede, hier im Schweigen.

Es gibt eine Weise, die Feindseligkeiten der Welt zu verstehen, die für beide Seiten, Verstehenden und Verstandenes, gräßlich, vielleicht unerträglich ist. Man schleicht sich bis ins Herz der Bosheit, dort, wo nur noch die millimetergroßen Rädchen, die alles bewegenden, zucken, man versteht das Recht jener Feindseligkeit. Man begreift den Mechanismus, so sehr, daß man glaubt, ihn selbst in Bewegung gesetzt zu haben, als man daran stieß; fast meint man den Ekel des Weltenmeisters zu spüren, dem man die Mühe des Vernichtens bereitet, von Wartung und Fütterung dieser Maschine. Da wäre es besser, man legte Hand an sich und ließe die Welt in ihrer Bosheit unangetastet.

Man hat Skrupel, die Bösartigkeit ohne ein wie immer beschaffenes Gegenüber von Werkstoff, von Opferblödheit gelten zu lassen, das ist ganz falsch. Um ihre Selbstgenügsamkeit, auch Selbständigkeit zu begreifen, muß man allerdings auf ihre nahen Verwandten zurückgreifen, auf den schlecht-informierten Neid, den irrlichternden Haß, man ermißt dann das Verschwendertum, das nicht nach Gründen noch Anlässen noch Zwecken fragt, man lernt eine Freigebigkeit kennen, die einen vor allen Weltenschöpfern grauen läßt. Das ist die rechte Verzweiflung, um zu ihnen zu beten.

Ein Kind, das pausenlos schreit vor seinen Eltern, ein Volk, das unaufhörlich ruft zu seinem Gott, wird erhört oder erstickt; doch ein klapperndes Kind, ein geschäftiges Volk erzeugt jenen hilflosen Haß einer Oberwelt, die ihren Geräteschuppen nicht verschlossen hielt. In dem Geklapper zwischen Macher und Gemachtem gerät die Welt in jene Schieflage, aus der die historischen

Gefühle rollen: die Schaffensfreude von unten her, der Völkerhaß von oben her, Maschinen- und Gefängnis- und Himmelssturm.

Die ständige Wachsamkeit, das Gefühl einer Bedrohtheit, eines Umzingeltseins, das der Mensch in mittleren Jahren hat, seine Vorstellung und Aufführung in einer Welt von Feinden – woher? Die Jungen und die Alten sind ihm gleich fremd, diese Unterschiedslosigkeit macht ihn blindwütig, feindselig.

Humanität will, daß man den Tritt von einem vorübergehenden Menschen nicht tiefer erleidet als den Biß eines gereizten Tieres, umsonst, man versagt schon an dem Biß eines gleichgültigen Tieres, immer will man gleich zertreten. Was man ja dann auch tut.

Daß einem für den Schmerz keine Feinde mehr aufkommen können, das hat viel Unglück gezogen, viel Verwirrung gebracht, vor allem beim Schmerz selbst. Wo man sich mit aller Macht in ihn verbeißt, kaum daß er aus der Seele sprießt, da ist er scheu und indirekt, grob und grundlos geworden. Er flieht dorthin, wo man ihn nicht benötigt, er folgt der Ökonomie von Mangel und Überfluß.

Jedes Volk verfügt über eine kleinere oder größere Wut, die wenig mit seiner sonstigen Größe zu tun hat und vor allem wenig mit dem Anlaß dieser Wut. Die frömmsten, ernsthaftesten Völker sind jene, die das Ausmaß dieser Entfernung ermessen, die um die Integrität ihrer Wut fürchten und sie gar nicht erst auf den Weg schicken; Völker, die sich vor Wut verzehren, gerechte Völker.

An jedem Anteil, den einer an sich nimmt, kleben in blutigen Fetzen die Anteile der andern. Sein Interesse richtig verstehen heißt, sich nur auf sein Interesse verstehen, und weil das Verstehen selten das Eigene und das Interesse traf, ist das wohlverstandene Eigeninteresse in den Ruf geraten, auf den es dann hört.

Es ist ein Glaubenssatz geworden, daß das Niederträchtige zu groß sei, um auf einer Seite Platz zu finden. Glaubensstärkere Zeiten wußten, daß diese Fähigkeit der Niedertracht, sich bei einem Volk, auf einem Land in Gänze niederzulassen, zu seiner Allmacht gehört.

Alles wird besser, jedes ist geheilt, wenn man sein Schlechtes, z.B. seinen Haß, verschiebt. Man lebt befreit bis zum Eintritt des Verschobenen, das Schlechte zeigt sich in seiner wahren, unpersönlichen, nicht mehr von Kleinlichkeiten befleckten Größe. Und der einem das Schlechte abgefordert hatte, der bekommt im verspäteten Haß dessen reine Gestalt zu Gesicht.

Die Leere, die wir uns herbeiwünschen, bringt zweierlei: Sie macht uns empfindlicher gegen alles Feindliche darin, und sie macht, daß unsere Feinde besser ausholen können gegen uns.

Unser Haß überdauert oft die Bosheit dessen, der ihn veranlaßte, aber sein Wohlgefühl darin ist älter als wir und als der Boshafte selbst.

Stille Heiterkeit des Frühaufstehers, der seine Feinde noch nicht haßt, aber schon mit frischen Kräften an ihrem Untergang arbeitet.

Es müßte noch etwas anderes geben, das einen mit früheren Feinden zusammenbringt, vielleicht ein gemütvoller Haß auf das, was einen erst in die Feindschaft und dann ins Alter gestoßen hat.

Jemanden ohne Zeugen beleidigen ist verschwendete Hassensmühe, kein Mensch wird den verstehen, der uns mit seiner Rache verfolgt, keiner ihm mit Sachkunde helfen können.

Es gibt keine Grausamkeit gegen seine Nächsten, die nicht ins Mittelmaß führte.

Wie kann man hassen, wovon man abhängt? Wie kann man hassen, wovon man nicht abhängt?

Wenn man seinen Feind zum Sprechen bringen konnte, dann wird er einem die Wahrheit sagen, darum zieht man ihm eine Welt von Feinden vor, eine Welt von Verleumdung, in der man sich nie ganz auskennen wird.

Dieses lächerliche Bedürfnis, seinen Feinden die Wahrheit zu sagen, sie über sich aufzuklären …

Dieses Volk und sein Ehrgeiz, unerkannt inmitten seiner Feinde zu verenden …

Nicht mehr zurückschlagen – ausruhen – verzeihen. Warum soll es der andere besser haben als man selbst?

Der Verzicht auf Rache bleibt so unvergeßlich wie ein Lächeln in der Nacht.

Keine Gewißheit, die einen nicht in Trägheit versinken ließe, ausgenommen die Gewißheit, gehaßt zu werden.

Die Freundlichkeit ist wertlos, wo sie nicht ränkeloser, freiester, unbefangenster Rachelust entspringt.

Der Respekt vor den großen Hassenden übertrifft jenen vor den Liebesgrößen, er ist frei von allem Gönnertum.

Die Freunde beherrschen durch Vergangenheit, Feinde durch Gegenwart.

Der Haß verspricht das ewige Leben, er hält sich an das ewige Leben, er bleibt unzufrieden mit seiner Erfüllung, der Haß kommt aus dem ewigen Leben und sucht es.

Heiligkeit und Fremdheit verbinden sich zu einer unwiderstehlichen Gewalt, in den Kniefällen vor Götzen ist sie offenbar. Was man seinen Feinden manchmal antun kann, bringt man hier nicht fertig: die Umfriedung der Transzendenz, auf daß nur störende Fremdheit zu zertrampeln bleibe.

Man haßt, was man braucht, weil man es verachtet.

Die Feinde halten einen am Leben, und die Freunde halten es in Grenzen.

Nur der Haß versteht persönlich. An unseren Freunden lieben wir die Prädikate, die guten Eigenschaften.

Seine Abneigungen schulen heißt, sich ins Abstrakte zu begeben: hassen, was einen abhängig macht, nicht, wer einen abhängig hält.

Wie schön wäre es, aus freien Stücken wüten zu können, durch keine Kränkung verpflichtet oder höchstens veranlaßt. Wenn man sich seines Opfers sicher ist, dann pflegt man dergleichen Raserei.

Wenn dich der Gedanke an deine Feinde drückt, dann denk auch an dein Leben, das du um deiner Feinde willen verlängert hast, denke an den Gleichmut, den sie für dich verwalten.

Ein Volk, das um Aufschub bittet in der Liebe, mit der es von seinem Gott verfolgt wird, das kein Gehör findet und beschließt, blind irgendeinem Haß zu folgen.

Glühender Haß gegen ein ausgewähltes Volk: er macht blind für seine Eigenschaften, aber um das Verdorrte blühen die Nationen in ihrer Eigenart.

Die Güte verteilt sich schon deshalb so schwer in der Welt, weil jeder weiß, um wieviel uneigennütziger die Bosheit darin verteilt ist.

Kriegsvölker

Nicht arm an Sachen, für die es zu sterben lohnt, wird sich ein Kriegsvolk später nicht wundern über den Reichtum an Sachen, für die es nicht zu leben lohnt.

Vielleicht verstanden die Völker einander besser, wo sie sich von Hand abschlachten mußten, als dort, wo sie einander vom Leibe zu halten verstehen.

Als Schaf wird man die Herde wählen, die eine andere schlachtet.

Es gibt den redlichen, den rachunlustigen Pazifismus, den des Selbstmörders.

Kriege, die um Raum, unermeßlichen Raum für die bedrängten Völker geführt werden, aber nicht, um ihn zu füllen, sondern um ihn leer zu lassen.

Nachkriegsvölker

Überfluß des Elends. Verstopfung der Städte. Um dem abzuhelfen, wird man entweder sehr leicht bauen (Zusammenbruch nach einer Generation) oder sich selbst beschweren, die Arbeit des Friedens oder des ausbleibenden Krieges tun.

Gebaut muß werden, gestorben aber auch. Die Totenpaläste und das Lagerleben werden aneinander groß. Damit die wenigen Überlebenden es nicht zu schwer haben miteinander, damit sie zueinander finden in dieser langen Friedenszeit, ist dem ausbleibenden Krieg, den ausbleibenden Kriegsfolgen Genüge zu tun. Es geschieht auf zweierlei Weise: Man baut sehr leicht, die Gebäude zerfallen nach weniger als einer Lebenszeit, man übernimmt die Arbeit des versäumten Krieges und zerstört eigenhändig.

Die Entleibtheit eines Nachkriegsvolkes, die Schlaffheit seiner Umhüllungen, das Hohlkörperlich-Sackartige der ganzen Existenz ist doch nur etwas Vorübergehendes, Anfängliches, etwas, das nach Auffüllung ruft, ist doch nichts gegen die Schicksalswunde, die ein Beruf in ein Gesicht schlägt. Was ist eine schlechte Zeit gegen einen festen Ort, was eine unsichere Grenze gegen ein sicheres Einkommen …

Gekränkte Völker

Manches Volk lebt so lange, daß seine Herrschaften von ihm abfallen wie tote oder trunkene Fliegen. Ganz frei steht es da, in seinem Alter, seiner Erniedrigung.

Was nur hat den Zusammenhang zerstört, in dem man einander nicht nötig hatte? Man fiel übereinander her, nahm in Gebrauch, und übrig blieb einer, den man nicht nötig haben wird.

Die nächste Folge der Abhängigkeit: alles Unabhängige, von dem man unabhängig ist, erscheint in dem gleichen Licht; es bleibt Tag und wird Nacht.

Die Abhängigkeit, die drückt, statt zu tragen, muß aus einer falschen Wahl kommen oder überhaupt aus der Einbildung, wovon man abhängt, wäre wählbar gewesen.

Stolz ist, was die Kränkung erschafft, indem sie es übrigläßt.

Nur profundes, uneingeschränktes Leiden erspart das Gefühl, man leide Erniedrigung.

In den Kränkungen, die das Glück zufügt, ist es aufrichtiger als in den Heilungen, die es verspricht.

Was einem durch Achtlosigkeit angetan wird, das muß man durch Berechnung gutmachen.

Stolz ist nicht, was durch die Kränkung hilft, sondern was die Kränkung übrigläßt.

Kränkend am einmaligen Verbrechen wäre, daß es sich verschweigen ließe.

Wie gern würden man sich wieder einmal kränken lassen! Aber da ist nichts, dem man seine Würde verdanken könnte.

Jemand, den du kränken mußt, um jeden Preis. Er errät es und erlaubt es. Du erklärst, daß du nur deine besten Freunde kränkst.

Wenn uns einer kränkt, den wir lieben, dann werden wir uns glaubhaft selber lieben vor ihm; wenn uns einer kränkt, den wir hassen, dann werden wir uns tiefer kränken, als er sich träumen läßt.

Manche Völker werden häßlich, manche Frauen werden schön, wenn sie sich gekränkt fühlen.

Keine Demütigung, die sich nicht durch Demut unterbieten ließe! Aber dieser Mangel an Phantasie im Gedemütigten! dieses Unvermögen, sich in seinen Demütiger zu versetzen ...

Nur das gekränkte Volk liebt seinen Gott. Die Kränkung ist ihm die himmlische Eifersucht.

Eifersucht erregt schon die Unschuld eines andern Volkes: man möchte es verstricken in irgend etwas, nur um ihm eine Unschuld zu schenken, es zur Unschuld zu beugen.

Erniedrigt ist nicht, wer sich beherrscht fühlt. Erniedrigt ist, wer zu Staub zerfallen sieht, was ihn beherrscht hat. Erniedrigung ist die Freiheit, aus einem langen Leben.

Ein Volk, das nicht zurechtkommt damit, daß es nur durch ein Versehen überlebte. Ein Volk, das es sich nicht verzeihen kann, daß es noch da ist, zufällig und minderzählig, und das um Verzeihung gebeten sein will von einem größeren Volk, dem Mördervolk. Ein Volk, das erlöst sein will von einem größeren.

Die Anstrengung, den Erniedrigern kein Zeichen der Erniedrigung zu gönnen, hat so sehr erniedrigt, daß man seine Niedrigkeit aus erster Hand fressen will. Aber dieser Stolz hat nur gelangweilt, im Elend ist man verlassen auf immer.

Ein Volk, dessen Peiniger vor Mißgunst erbleichen oder vergilben müßten angesichts der Lüste, die dieses aus seiner Abhängigkeit zieht, ein Volk aber, das sich mit seinen unentdeckten Beschwernissen und Gekränktheiten über die Zeit rettet in ein frühes Grab und seine Grabpfleger ein Leben lang geschäftig obenauf läßt.

Das Vertrauen zu sich selbst aus der Gewißheit, geliebt, ja auch nur erwählt zu sein, bedeutet eine solche Kränkung, daß man sich durch zügellosen Haß rächen will an der großherzigen Macht. Umsonst. Das erklärt einiges von der Anteilnahme, die die erwählten Völker für die zutraulichen Objekte ihres Hasses aufbringen.

Man zerstreut sich nicht, wenn man die Zahl seiner Abhängigkeiten vermehrt. Wo sie sich zu nahe kommen, da kann man sich erst sammeln. Gesammelt schaut man zu, wie sie einander vertilgen. Es ist die Freiheit des ältesten Paares.

Durch nichts erniedrigt ein Macher seine Gemächte so sehr wie durch Fülle des Guten, die er auf sie regnen läßt. Im Appetit, in der Begierde, dem einzigen, was Schöpfer und Geschöpf gemein haben, führt jener diesem seine Kleinheit vor Augen: von dem Guten nur die Fülle trinken zu können oder vor ihm zu verdursten.

Sich zwingen lassen, sich nötigen lassen, alle Gewalt erleiden und sich selbst keine antun – das zeugt von einem Einverständnis mit sich, das dem Selbstbewußtsein der toten Materie oder eines vorgeschichtlichen Volkes gleicht.

Man hofft immer noch irgendwie, die Macht, die einen demütigt, werde sich im Anblick dieser Demütigungen erschöpfen. Man denkt sich diese Macht in Genuß, in Verbrauch, in Verarbeitung dieses Gekränkthabens. Man hofft – man selbst, der man arbeitet und sich verbraucht.

Es erweckt Grauen, wie nicht nur unsere Schmerzen, sondern auch unsere Peiniger verschwinden. Dieser gleichzeitige Abtritt nimmt uns den Mut, die einen oder die andern zu überdauern. Wir sind frei von Schmerzen, erniedrigt in unserer Gesundheit. Nichts verdanken wir uns. Niemandem sind wir was schuldig. Jederzeit können wir neuer Kränkung teilhaftig werden.

Für die Kränkungen, die zugeteilt werden, ist immer weniger Aufwand nötig, man sieht nichts mehr von den Herstellern seiner Beschwerden, so winzig sind diese Hersteller geworden, man ist allein gelassen mit lauter Effekten, das macht einem solchen Respekt vor der Industrie, daß man drüber das Handeln versäumt, selbst noch das Lagern und Zwischenlagern – daß man auf seinem verfaulenden Unglück sitzen bleibt wie ein Bauer auf der Mißernte.

Die kostbaren Kränkungen, die ein Volk erlitten hat, bilden seinen einzigen Besitz – insofern wohnt es in der Tiefe – als auch einen endlos vermehrungsfähigen Reichtum – insofern marschiert es in die Höhen. Stündlich droht Verlust. Man verspricht Linderung, Abhilfe, ehrende Erwähnung des Erlittenen usw. Wie kann ein gekränktes Volk sich da helfen? Es darf vor allem keine Anzeichen der Rührung zeigen. Eine gewisse Unbeweglichkeit bewahrt ihm seinen Reichtum. Das Erlittene wird ihm dann nicht ausgehen, neue Leiden werden nur so regnen auf seine Unbewegtheit.

Aufgehende Völker

Der Aufgang eines Volkes beunruhigt überall durch das sichtbare, aber unerklärliche Wachstum: so ein aufgehendes Volk erkennt die Welt, und es wird darauf augenfällig. Es beruhigt fast, wenn man den Aufgang dieses Volkes nicht als verpuffende Erscheinung, sondern im Untergang eines anderen geborgen weiß: eines Volkes, das untergeht, wenn es als eines erkannt wird.

Die gedemütigten, wiederaufleuchtenden Völker, die Zeugen werden mußten, wie sich ihr Unglück verdunkelte, verzog.

Das Grauen, das einen beim Lesen fremder Völker-Geschichten packt, das süße Selbstgefühl der Gegenwart.

Man spielt das Vergangene, wenn Gegenwart ist; man spielt das Gegenwärtige, wenn Vergangenheit ist.

Die frühen Völker vergehen, sie verlieren ihre Frische nicht mit den wiederholten Bewegungen, in denen sich Sieger der Geschichte abwetzen.

Völker, die wiederkehren, weil sie sich vergessen, die durch Vergeßlichkeit zurückfinden zur ganzen Jugendfrische ihrer Depressionen.

Zwangsverhältnisse, das kann doch nur heißen: frühe Verhältnisse, die Leute sind noch nicht dahin zu bringen, sich Zwang anzutun.

So wie man die frühe Geschichte vergißt, so wird man auch die fernen Völker vergessen, eines nach dem anderen, und man wird nicht sagen können, ob man in ihrer Mitte oder an ihren Rändern, in ihrer Nähe oder ihrer Ferne so vergeßlich geworden ist.

Versorgt sein wollen, das ist die primäre und zugleich einsichtsvolle, wenn man hoch stechen will: die metaphysische Haltung. Ganz am Anfang müssen die Völker dieses Gefühl besessen haben, ihre Mythen wimmeln von Mächten, die sich um sie kümmerten.

Der Versorgungsanspruch alles Daseins, das zunächst keine Rechtfertigung hat für seine Selbstversorgung – das hinter sich den Gott weiß und vor sich die Arbeit.

Der Wunsch zu dauern, über Zeit und Gebühr hinaus, erfordert Wiederholungen, die andere vollbringen müssen an einem, sie vereitelt die Wiederkehr, deren sich zuweilen vergessene Völker erfreuen.

Man kann sich schon morgens in einem Tag richtig betten, wenn man sich einen Abend aus Zählung des Vermiedenen vorstellt, einen Tag aus dem guten Gewissen vereitelter Begegnungen.

Wie sollte nicht in Hochmut verfallen, wer in aller Frühe sein Bett verläßt?

Ein ganzes Volk mag darüber unbescheiden werden. Es wird auch empfindlich, gegen jegliches Licht, das es sich nicht selber anstecken kann.

Wir fühlen uns nicht ganz so entfernt von jemandem, der ohne uns eingeht, jedenfalls nicht so entfernt wie von einem, der ohne uns aufblüht.

Es ist nicht vom Schlimmsten, abzuhängen von einer Macht, die sich zeigen muß, wo sie herrschen will.

Sterbende Völker

Ein Volk wirft seine Überdrüssigen, Überflüssigen von einem Felsen herab; wenn sie schwimmen können, tauchen sie nach einer Weile aus den Fluten auf und legen allen Eifer an den Tag, den man bei besagtem Volke so sehr schätzt. Es handelt sich selbstverständlich um kein christliches Volk. Vielmehr sind es unbelehrte Heiden, die den Ihren eine Wiederkehr aufgrund des Ekels an Hochburgen und Dauerherrschaft gönnen, des redlich erlittenen Überdrusses. Was ist denn Wiedergeburt anderes als Daseinsekel und Lebensdurst. Also nicht wegen der Sünde oder des Fehlgriffs oder eines Verbrechens erledigt sich ein Leben vor der Auferstehung, sondern durch seine Erfüllung, seine Nähe zum Überfluß – gewiß kein Grund für einen ewigen Tod, vielleicht ein Anlaß für währende Züchtigung.

Verschwindende Völker

Könnte doch unser Verschwinden sein wie das Ein- und Aufgehen jener ahnungslosen Frühvölker, könnte es doch sein von der Klarheit eines Kinderselbstmords!

Ein Volk, das schon einige Würde wiedergefunden hatte in dem Gedanken, daß es mit ihm zu Ende ginge, büßt all dies Würdige wieder ein: Ein unerwartet feindseliges Ereignis, vielleicht ein Raub- oder Wandervolk, kommt ihm dazwischen, reißt es aus seiner fragilen Erhabenheit, seinem feierlichen Verschwinden, zwingt es zu schülerhafter Konzentration auf die Schläge, die es empfangen und austeilen soll, macht es kleinlich und anfänglich.

Was kann man schon von einem Volk sagen, das mit seinen Vergnügungen verschwindet? Das keine Nachkommen hinterläßt, von keiner Vorgeschichte eingesetzt wird in sein Glück, dessen einzige historische Bewegung das Verschwinden ist? ... Sichtbar handelt es sich um kein auserwähltes, kein irgendwie beauftragtes Volk – eines von den Völkern, die man schon vor ihren Auftritten beobachten kann und die dann diese Auftritte um Jahrtausende überdauern. Das flüchtige, unvorhergesehene Glück dieses Volkes könnte von einem Abfall stammen, das müßte allerdings ein ganz grundloser sein – wahrscheinlich mangels Beaufsichtigung, dieses Volk wurde nicht ernstgenommen, es fiel unter den Tisch in der Götterrunde. Aber noch weniger als Abfall, als Verworfenes: ein Stoff vielleicht von Ewigkeit her, daher in keinem Weltmoment zu gebrauchen. Auch die Stunde seines Glücks entging ihm so.

Das ändert sich sofort mit dem Verschwinden dieses Volkes. Es beginnt bei den nächsten Nachbarn. Sie wissen von diesem Volk und seinem Glück zwar nicht mehr als die fernsten. Doch ein ausgewachsener Neid und Haß regt sich darum bei ihnen: Wenn es gelänge, an dem verschwundenen Volk das Unverdiente seines Glücks zu finden, hätte man es in die Gemeinschaft der Völker und die Gründe der Geschichte zurückgeholt. Man wäre nicht schlechter dran als alle anderen. Man wüßte, wovon es sich entfernt hätte. Sein Verschwinden wäre die Strafe für ein fernes, ungeschautes Glück.

Dem unerwählten Volk versucht man Abhängigkeiten nachzuweisen. Aber es wußte ja, daß Glück, bei mangelnder Vorgeschichte, nur auf fremden Feldern blüht. Seine ganze Lebenszeit fand es sich abhängig, weil ohne geschichtliches Verdienst. Es klebte an etwas, zehrte von etwas, das auch ohne seine Nährdienste am Volksglück besteht. In dessen Anwesenheit, einer unerklärlich freigebigen Gegenwart, fühlte das Glücksvolk die Freiheit aller ungeladenen Gäste: Glück ist nicht zu geben, zu nehmen, es ist nur zu empfangen, am vollständigsten da, wo an den Empfänger kein Gedanke verschwendet wurde. Also an dem Rücken von etwas Mächtigerem hing das Volk, reglos, durchblutet und traumschwer.

Da redet man nun von der Stagnation des Glücks, von seinem Auslaufen ins Ausgebreitete und Allgemeine! Aber von dem zu ganz und gar nichts beauftragten Volk sind keine Nachkommen geblieben, es hat sich nicht in Nachgeschichte und Erziehung geflüchtet wie sonst das stagnierende, in sich selbst kreisende Glück – dieses Volk war nicht paarweise geordnet, es mußte sich nichts aneinander beweisen. Seine Allgegenwart verschonte es vor dem Gedanken einer Zukunft, welche jene verlängern sollte.

Dagegen werden die Volk-im-Glück-Hasser und -Neider endlich gastfrei, überall zerren sie Überlebende des verschwundenen Volkes hervor. Dissidenten nennt man die – daß sie noch leben, spricht gegen die Vollständigkeit, also Flüchtigkeit des völkischen Glücks. Sie leben, weil sie anderes kannten als dieses Glück – eben das, was die Nachbarvölker tun. Die Überlebenden bestätigen das: Obwohl noch unbekannt mit Art, Anzahl, Lage der Nachbarvölker, fühlten sie im Schoße ihres beglückend verdienstlosen Volkes das Bedürfnis nach Verdienst, nach Tätigkeit; sie kannten aber gar nicht das Verdienst, für das man tätig sein Glück opfern müsse, waren also selbst der Wurm im Herzen eines Volkes, das rund und unerzeugt am Glücksbaum hing. Das Volk verschwand, die Unglücklichen blieben, wie weit war es da her mit dem Volksglück?
Aber nicht nur Überlebende finden sich ein. Auch Reste des glücksverliebten Volkes treffen täglich, in Särgen, zerstückelt, ein. Wie alle zu nichts beauftragten, irreligiösen Völker kannte es weder Bestattungspflicht noch Ahnendienst; was die Nachbarvölker für Särge halten, sind eigentlich Abfallkisten. Die hat die verschwundene Nation ihrerzeit ganz unbekümmert den vielen Flüssen anvertraut, die ihr Land umgrenzten. Auf den Meeren, den großen Pfützen der Sammlung und der Ausfahrt, überhäufen sich die Reste dieses verschwundenen Volkes. Es war ein Totenvolk, das für seine Toten nicht sorgen konnte. Die gastgebenden Nachbarn leiten all das zusammen. Zu ihrem Reichtum und ihrer Tüchtigkeit kommt die Sorge um die Unbesorgten, eine gelbe, flüssevergiftende Sorge, purer Neid.

Erschöpfte Völker

Ein Volk, das sich geliebt weiß, versinkt in mehrhundertjährigen Schlaf.

Wenn man vor den Toten die Scheu empfände, in der man die Erschöpften schlafen läßt …

Das Talent eines Volkes, erzwungenes Nichtstun in erquickenden Schlaf zu verwandeln …

Eine heftige, unnachsichtige Müdigkeit, die Müdigkeit eines Volkes, das sich beim Schlafen langweilen würde …

Alles verzeiht man dem Volk, in dem man sich erschöpfte, nur das eine nicht: wenn es nicht sterben kann.

Das jeweils Letzte sind Völker, die sich nicht schämen, einander benötigt zu haben.

Ohne alle Liebe zu Menschen und Dingen, bringt man doch jede Menge Vertrauen auf zu dem, worin sie einem überliefert sind.

Die Männer sind stumm geworden, so machen sie ihre Überzahl wett. Das Geheimnis kinderloser Frauen, wer müßte es noch ausplaudern?

Die großartige Überflüssigkeit, die man an mehr und mehr Körperteilen bemerkt, mag zum Quell ungefühlter Freuden werden.

Generationenwerk, Völkergedächtnis: Die Erde wird gepflegt von Erschöpften, die alle Überdrüsse von Kopf und Rumpf durchdekliniert haben, sich daran nicht mehr erinnern können und nun kräftig Hand anlegen.

Wenn ein Volk einmal den Augenblick verpaßt hat, da man von seiner Verzweiflung Auskunft zu geben lernt, dann wird es ein Volk von Schauspielern oder Historikern, es kann Auskunft geben davon, was es hieß, auf der Höhe einer Verzweiflung gewesen zu sein.

Jeder weiß von müden Völkern, Familien, die im Kern gesund und munter sind und darum unbesorgt Reif um Reif einer Blasiertheit anlegen dürfen, und jeder kennt auch ihre Nachbarn, putzmuntere, aber irgendwo versehrte Nationen, die hurtig durch die Weltgeschichte hinken und nichts weniger ertragen als die Trägheit der Gesunden, dieses selbstgewisseste aller Mittelpunktgefühle.

Die Wahrheit ist nichts, das der Befreiung harrte und an den Tag käme. Sie macht sich einen Tag und bedient sich dafür ausgewählter Völker. In deren Sterben wird die Wahrheit zum Erlebnis; wahrhaftig, wie man nur im Sterben ist, bietet sich den Völkern ringsum der seltene Anblick einer Veränderung, die nicht mit dem Erweis einer Täuschung schließt. In der Einsamkeit eines sterbenden Volkes besteht seine Aufrichtigkeit – selbst seine Vernichter scheuen weitere Berührung dessen, was sie eben noch zerschlugen.

Unbestreitbar besitzen die erschöpften Völker die Weisheit der Völker, aber es ist nicht ein Wissen um deren Geschichte. Die Weisheit aus Erschöpfung ist ein Wissen um die Zukunft: die Müden ermessen jedes Quent Anstrengung, das diese von ihnen verlangt; alles, was ihnen zugemutet ist, spaziert in begründeter Form auf, die ganze Zukunft ist im Zusammenhang von Schaffen und Geschick. Erst hier, in der Ohnmacht, die keine Zeit mehr berühren kann, die sich zu nichts mehr bitten läßt und es mit dem sicheren Untergang hält, erst hier ist Einsicht, Weitsicht im Völkerleben.

Innenleben, Außenleben

Nur der Kummer und die fremden Völker verhindern, daß wir zerstreut werden in alle Winde – der Kummer, der uns zusammenzieht, die Völker, die uns zusammendrücken.

Die Einsamkeit, die Kümmernis ersetzt uns Landschaft.

Unbegreiflich sind uns die Unverzweifelten, die immer nur Hand an anderes legten; fremd nennen wir, was unsere Verzweiflung nicht kennt. Es sind die Fremden, die Fremdvölker, die Hand an uns legen werden.

Volksleben

Lebenszeichen gibt man da, wo es entweder an Leben oder an Kraft der Bezeichnung fehlt. Sogar beides kann fehlen, ein Volk fühlt Unlust zur Expansion wie zur Bezeichnung fremder Völker, es bleibt daheim und doch in Bewegung. Es hat zu arbeiten begonnen, in einem Maße, daß aus der Arbeit selbst alles Leben entwich. Bewegungslosigkeit droht und zehrt. Um wieder zu Kräften zu kommen, muß so ein Volk irgendeine Form der Ausdehnung einleiten, irgend etwas bezeichnen, vielleicht die Fremdvölkischen unter ihm, es muß, wo selbst schon zu zäh fürs Versickern wie fürs Sich-Ergießen, irgendwie die Überflüsse ordnen, daß eines nach dem andern abfließe.

Daß man überhaupt noch am Leben ist, beweist gar nichts, auch nicht das Gegenteil. Gleich nach der Geburt besaß man dieses Übermaß an Beweiskraft; so lange man lebt, verliert man, was man braucht.

Das Volksleben ist kein Ganzes – nicht, weil es irgendwo fehlt, nicht, weil ihm irgendwas fehlt, sondern weil es zuviel enthält, das auch fehlen könnte.

Von allem, was uns hindern will, ein Ende zu machen, überzeugt am meisten das Kränkende. Es kränkt uns mühelos, es muß uns nicht halten, wir träumen ein Leben als Kränkende, als Erhalter unbekannten Lebens.

VOLKSFESTE

Was sollen die Völker Gutes erwarten von einem Volk, das sich nicht mehr auf Weihnachten freuen kann? Was Gutes von einem, das sich über Weihnachten freuen muß?

Die Festtage sind dem Volk eingeführt, damit es nicht an Verschlechterung glaube wie seine Herren. So wie man eines Geburtstags die Veränderung bemerkt und doch nicht an Verschlechterung glauben will: es fehlen einem ein paar Zähne, Haare, warum sollte sie nicht der nächste Geburtstag wiederbringen?

Die Armut geschlossener Kreisläufe bedrückt. Die einen essen, was die andern ausscheiden. Und Passion verwandelt den Vorgang ins Verhältnis.

VOLKSWISSEN

Wer alle Krankheiten in sich vereint, kennt jeden Gesunden beim Namen.

Dein Volk läßt dich nur allein, damit du dich desto ungestörter um es sorgen kannst; es hält die Hand über deine Einsamkeit, und du denkst freier, wenn du dich aus der Mitte deines Volkes nicht wegdenkst.

»Die Liebschaften anderer Leute sind einem immer unbegreiflich« – bestünde doch jede heilige Schrift aus solchen Sätzen!

Wer zum Volke gehört, der weiß: nicht alles war schlecht, nicht alles wird schlecht.

Sein Volk verstehen, so sehr, daß man nicht mehr anfragen muß, ob es einen leben lasse oder nicht.

Vom Volke lernen, daß der Lernende stets von etwas zehrt, das nicht lernt – das sich nicht verzehren läßt – das Volk bleibt.

Die eine Ordnung bringt zum Reden, mit aller Macht, die andere dazu, daß man über sie rede.

Von allen Lauten, die uns entfahren, erleichtern uns die der Verzweiflung am wenigsten. Die Verzweiflung will uns selbst als Nachfahren.

Volksverdummung, Volksaufklärung

Verdummte Völker haben keine Geheimnisse mehr. Gewitzigte Völker ersparen sich die Heimlichkeiten.

Man mißtraut jeder Geistesblume, zu der sich nicht der Humus von Dummheit findet, in den sie getopft ist.

Das Leben läßt sich immer erweitern. Wäre Geist kein Zuwachs, dann könnte er nicht kränken.

Ein Volk besitzt vor den andern einen Vorsprung an Verblödung, ohne daraus die mindeste Hoffnung ableiten zu können, keine Einsicht winkt von ferne. Man möchte lieber heute als morgen dazugehören. An seinen Grenzen drängen sich die vielerfahrenen, allzu einsichtigen Völker. Umsonst: Es gibt Hoffnungslosigkeiten, die man nicht teilen kann.

Volksglaube, Volksfrömmigkeit

Völker, die auf die Knie sinken vor Göttern, die sich gleichbleiben, und Völker auf den Knien vor Göttern, die sich ändern. Der Glaube eine Leistung wie andere, durch Schwierigkeiten größer, aber was strengt eine Gottheit mehr an? Sich gleich zu bleiben, sich zu ändern? Die Frage ist vielleicht falsch gestellt. An den veränderlichen Göttern betet man ihre jetzige Gestalt an

– die Veränderlichkeit wissen und die Gegenwart des Gottes glauben, das ist Leistung.

Je einsamer der Abhängige ist, desto kenntlicher muß er seine Abhängigkeiten benennen. Wäre Gott abhängig von der Welt, weil er sich vor ihr einsam gefühlt hätte, dann wäre er von der Welt erkannt. Unerkannter passiert schon eine Götterrunde oder eine Familie die Welt. Völker und Zeitalter brauchen fast keine Rücksicht zu nehmen auf ihre Umwelten, ihre Ungenauigkeit schafft und vernichtet sie ständig. Solange ein Volk dauert, muß es sich nicht erklären gegenüber der Welt.

Die Erlöserreligionen mit ihren Offenbarungen, Wegeunfällen, Reparaturen und Zurechtrückungen verschaffen noch dem ärmsten ihrer Nachtreter einen Schatz von Verwirrung und Aufregung; Einsicht kann davon ein ganzes Leben zehren, Stumpfheit zumindest wird – auch unerlöstem – Feingefühl zur Einsicht. Wie armselig nehmen sich dagegen die arbeitsteiligen Tempelhütungen aus, mit ihren Einweihungen und Austreibungen und höheren Kursen, all dieses Grillen in einem vorgewärmten Ofen, das die eine Seelenhälfte erkalten und die andere verkohlen läßt …

Die Bewegung, in der ein Volk weder sich noch ein anderes in Ruhe lassen kann, kommt aus der Wahrheitssucht. Man sucht die Wahrheit da, wo man von allem abgelöst ist oder alles umfaßt. In der Geschichte der Völker vertauschen sich die Arten ihrer Frömmigkeit. Die mystischen Völker werden zu Aggressoren, sie schwärmen aus, um die Welt sich gleich zu machen, wie es ihr Gott nicht mit sich machen ließ. Die unterschiedsstrengen Völker setzen sich ab vom Leben der Völker, kehren bei sich ein und finden sich ohne Falsch. Sie finden das Göttliche nicht mehr, dem sie sich gleichgemacht haben, derweil die andern ihr Leben lang Unterschiede zertreten müssen.

Zuverlässiger Maßstab der Glaubensgröße ist das Wort, das Gerede. Am meisten glaubt man einem, über den man keine Worte machen kann. Es gibt eine Rangordnung der Wortmacherei: Höher steht, mit wem man über Tieferes verkehrt, am höchsten steht, über wen man keine Worte verlieren könnte – am höchsten steht, der über alles und über allem verkehrt.

Viele Offenbarungen liegen nutzlos in der Götterkammer, weil die dafür bestimmten Völker schnell und umstandslos Ihres erfuhren; schon längst vernichtet sind sie, da erst sieht man ihre Richter und Gesetzgeber aus göttlichem Gerümpel sich erheben.

Es macht mißtrauisch gegen das Angebetete, wenn seine Abwesenheit Kummer bereitet, wenn seine Gegenwart also Nachwirkungen zeitigt; von der vollen und vollkommenen Anwesenheit darf man erwarten, daß sie ohne Vor- oder Nachleben sei; Treue hält zu der verschwundenen Gegenwart.

Die Arroganz gewisser Gottheiten besteht darin, daß sie sich durch Lob nicht kleinkriegen lassen, daß sie vor dem Lobesgestüm ihrer Wirtsvölker nicht zu Krümeln zerfallen, die rasch weggefegt wären. Zur Arroganz stößt Einsicht in dem Verbot jeglichen Lobes, man herrscht da im kleingehaltenen Himmel der Stummen.

Die Entdeckung, daß die Gottheit nicht berechnend ist in der Zufügung des Übels, sondern bloß gleichmütig, so gleichmütig, wie man selbst erst seit kurzem ist, bezeichnet die Erniedrigung des Glaubens; ihm bleibt nichts, als seinerseits berechnend und gleichmütig zu werden, also ungerechtfertigt.

Jeder Gott, der ein Volk zuerst ins Lob entlassen hat und dann aus dem Lob, will doch letztlich, daß sich dieses Volk selbst lobt; darum verfolgt er nicht die Undankbarkeit seines Volkes, sondernd die lobhudelnden Völker aus der Nachbarschaft.

Die Aufrichtigkeit eines Wesens entspricht seinem Anonymitätsgehalt, nur am höchsten, unbekannten Wesen vermag sie nicht zu enttäuschen, alle anderen werden schal, je aufrichtiger, je unbedingter, je unbestimmter sie lieben.

Es ist nicht möglich zu beten, wenn ein Mangel, ein Bedarf selbst als etwas Aufrichtiges gilt. Als gebetet wurde, da wußte man: unmöglich ist Aufrichtigkeit gegenüber einem, den man braucht, unnötig ist Aufrichtigkeit gegenüber einem, den man nicht braucht.

Ein Gott, der seine Geschöpfe spürbar liebt, eine Gewißheit, die seine Geschöpfe hochmütig machen, mit Verachtung erfüllen müßte gegen ihren Gott, wenn er sich nicht verborgen hielte, der Hochmut und die Verachtung nun die Weise, wie sich die Geschöpfe ihrer Liebe versichert wissen.

Über dem Hochmut eines Menschen, der sich von Gott geliebt glaubt, steht wahrscheinlich nur der Hochmut eines Gottes, der den Menschen zu lieben meinte.

Einen Schöpfer, der einen vorgeburtlich schon liebte, würde man nicht ernstnehmen, man würde ihn, wo Gott, erschlagen, wo Göttin, verlassen.

Die Ungeduld hat man an einer Gottheit gelernt, die seit Jahrtausenden ihr Verschwinden ankündigt und aussetzt.

Ein Erschaffer, dem in späten Jahren einfällt, was er seiner Kreatur alles Schlechtes hätte tun können, als diese noch ganz hilflos war, der aber keinen Dank dafür erntet und sich entschließt, eine Religion zu stiften.

Erfindungstüchtigkeit der Volksgötter, ihren Anvertrauten irgendeine Verräterei anzuhängen, als wüßten sie um das Hochgefühl des unteren Lebens, vom Vater verraten, von der Mutter verflucht zu sein.

Die Geschmacklosigkeit, sich für etwas zu opfern, die Tortur, ungeopfert guten Geschmack zu wahren.

Die noch größere Geschmacklosigkeit, sich für etwas opfern zu wollen, wo nichts ist, der üble Geschmack der Einsicht, die nicht zum Opfer findet ...

Vom Warten verdorben.

Wer zuerst kommt, geht zuerst. Dieser Trost gilt, zumindest unter seinesgleichen.

Das Warten auf Beistand kann ein Volk so alt werden lassen, daß es seine Urväter überlebt.

Es gibt keine feinere Rache am Erwarteten als ein Warten, das nicht mehr aufhören will. Stiller Abgang der Herrscher und Gottheiten, vergraut, verschimmelt vor menschlicher Geduld.

Der Glaube hat der Phantasie zweierlei zugemutet: den, der ungesehen Gutes tut und den, der allein vor seinem Gott weint.

GOTTLOSE VÖLKER

Was man nicht sagen will, das muß man bekennen.

Dem Wahrhaftigen wird die erste Natur zur zweiten.

Im eigenen Lande gilt der Prophet, der daheim blieb.

Göttlich ist, wer ein fremdes Wesen zu Erklärungen zwingt.

Man möchte benutzt werden, damit nicht gespielt werde mit einem. Religion ist so.

Orthodoxe machen Häretikern etwas vor, Häretiker sich selbst und Orthodoxen.

Eher kehrt die Mutter wieder als das Vertrauen.

Zudringlichkeit läßt eine Sorte von Frömmlern überleben, auch wo kein Gott mehr in Sicht und alles gleich nahe ist; das sind die Wühler, die Arbeiter im Müllberg der Dinge, die partout sich durch- und hocharbeiten müssen.

Der Fromme kann nicht lieben. Wie kann man lieben, auch nur achten, was so Verächtliches wie einen selbst geschaffen hat?

Es gibt einen Zug hin zum üblen Geschmack, von dem auch die höheren Mächte nicht verschont bleiben, sie zeigen sich so oft wie alles andere, dieser Aufdringlichkeit verdanken sie, daß sich keine Vorstellung von ihnen bilden kann.

Von der großen Bewegung des Bekennens und Vernichtens ist nur das Bekennen geblieben. Es hat nichts mehr auszurotten, denn die Bekenntnislosigkeit bildet den Lebensgrund. Es ist ein Bekennen, das sich nicht mehr in den Abgrund hinterherstürzen kann, den es für seine Feinde geschaufelt hat, weil er mit ihren Leichnamen bis zum Rande gefüllt ist. So ohne Ausweg tritt das Bekennen auf der Stelle, und seinem frommen Haß bleibt nur der Weg zum Himmel.

Man steht im Mittelpunkt des Bösen und meint, alle Bosheit käme aus diesem Mittelstand.

Der Stolz eines Volkes ist, das Idol benennen zu können, das es verraten wird.

Nicht mehr glauben, nicht vertrauen zu müssen – eine Last fällt ab, die Schultern begradigen sich, man atmet frei und nimmt auf sich das Nötigste.

Einem Gott, dem man verzeihen kann, daß er einen schwach geschaffen hat, kann man auch sein Ausbleiben nachsehen.

Der Grund der Verzweiflung ist gewesen, nicht glauben zu können; im Abgrund nennt sich verzweifelt, wem man nicht glauben kann.

Die bedingungslose Zutraulichkeit, in der sich die Gottverlassenen aufführen, konnte den einen oder anderen Gott zur Flucht bewegen.

Die Grundlosigkeit, mit der ein Gott von seinem Volk die Verhängnisse nimmt, demütigt es auf immer.

Gottverlassenes, mißvergnügtes Volk

Eben war man noch zu klein für den Glauben, jetzt ist man schon zu dumm.

Ein gottloses Volk, das nicht nur über seine Nachbarn, die Anbeter fremder Götter, sondern über alle Völker Gewalt gewonnen hat, das sich den Neid und den Zorn der Hungervölker zuzieht wegen seiner gottlosen Vergnügtheiten, das von den äußeren Gliedmaßen her angenagt wird und in Mitleid zerfließt für die Entbehrungen der Welt-, der Umwelt-Völker; ein Volk, das sein Ende abzählen kann und dennoch kein Vergnügen an sich findet, das sich seines Untergangs nicht würdig, das sich mißvergnügt zeigt.

Man sitzt am warmen Weltende und hat es zu verdienen, durch Vergnügtheit, überzeugende, das ist Anstrengung, mehr als menschliche.

Tränen der Völker

Wenn die Völker zur Welt kommen, haben sie schon alle Tränen eingebüßt; Blut von ihresgleichen verflüssigt ihren Trübsinn.

Betretner als die trocknen Augen macht, woran sie übergehen.

Die Anstrengung, gemeinsam in Tränen auszubrechen, konnte die Einsamkeit der Familien nicht vermindern, sie hat nur die Anlässe der Einsamkeit versammelt.

Die Beschränkung auf die notwendigsten Verluste … das Versinken einer blutleeren Geschichte in Tränen und Fäkalien.

Die Zwecklosigkeit, Zweckfreiheit, die man überall sucht, findet man in der Klage über unverdientes Unglück, also erlittenes Unrecht. So könnte man die Tränen für den reinsten Ausdruck des Vergeblichen, d.h. für dessen Aufrichtigkeit halten, wenn nicht das Weinen die eingeübteste aller Regungen wäre. Ein Anachoret, ein Ausgesetzter, der weinen, der Tränen erübrigen könnte, die nur vor einem Gottesauge nicht verdunsteten …

VÖLKERWANDERUNG

Da die Völker der Welt eine Familie bilden, sind sie alle zugleich unterwegs; es gibt in der völkererfüllten Welt keine zurückbleibenden Völker. Da in einer Familie jeder dasselbe werthält, hat die Bewegung der Völker einen gemeinsamen Mittelpunkt; es ist der Ort, wohin alle Völker wollen. Wenn man sich die Bewegung der Völker räumlich vorstellt, dann kommt man mit zwei Dimensionen nicht aus; tatsächlich ist, was den Fortgang und Nachschub erlaubt, eine Mitte, die Tiefe. Die Völker sind also entweder unterwegs in denselben Abgrund oder daheim in seiner Tiefe, mehr ist nicht an Ruhe und Bewegtheit. In der Tiefe *sieht* man *nichts*, und unterwegs *fühlt* man nur *die fremden Völker*, sie sind das, was vom Ende und von den Seiten, aus der Vergangenheit und bei den Fortschritten umgibt und bedrängt. Gibt es gar nichts zu sehen bei der Völkerwanderung? Manche Völker haben Sein und Sehen voneinander befreit, sie wenden sich in ihrer Lage. Das bleibt nicht ohne Folgen für die übrigen Völker. Man bekommt einander zu Gesicht: die einen sehen ein Dasein, zu dem sie unterwegs sind, die andern spüren eine Bewegung, die ihnen die Sicht verdunkelt, das Sehen der einen faßt alle Bewegung, die Bewegung der andern erfaßt den unsichtbaren Abgrund, aus dem es ihr entgegenschaut. Die Völkerwanderung, als eine Gesamtbewegung, ein Familienunternehmen, hat keinen Gegner oder Widerstand, außer vielleicht den Planeten, der nicht schnell genug Platz macht und sich zum Abgrund öffnet; es gibt auch innerhalb der Wanderung keinen Widerstand. Was so aussieht, das starre Schauen aufs Entgegentrampeln und das Niedertrampeln des Entgegenschauenden, bestätigt nur die Ausschließlichkeit der Bewegung, die allein von innen her derlei Anblicke verstattet; jeder Externe würde hier nur eine Völkerschlacht unerfindlichen Gewinns finden, der alles begleichende Abgrund bliebe ihm verborgen. Somit kann man auch nicht im üblichen Sinne von einem »Sehen« sprechen: hier ist ja kein Auge aufgerissen, damit es sich durch allerlei Vorkommendes allmählich fülle ... ein Sehen mit Aussicht auf Gewinn. Was in der Wanderung sichtbar wird, trägt nichts aus noch ein: wer sich nach den vorrückenden Völkern umschaut, dem ist der erste Blick zum letzten geworden, weil sozusagen der Hals umgedreht vom Sein zum Sehen, er ist nun nichts mehr als ein Anblick der Bewegung, die ihn als Schlußbild vor sich her trägt und dort hin, wo es nichts mehr zu sehen und zu wenden gibt.

VÖLKERBEGEGNUNG

Man wünscht sich Unterkunft bei diesen ganz Sanften, die nur selten ausgehen unter die Völker der Welt und die selten eines einladen, aber jedes willkommen heißen, das sich bei ihnen einfindet. Man wünscht und könnte sich denken als das erste Volk, das so einen Sanften zu Wut und Tränen treibt; einer von denen, die nie ein Messer anrührten, könnte dein Volk von dieser Welt abschneiden mit ausnahmsweiser Leidenschaft.

Die Freundlichkeit, die in einer Begegnung der Völker manchmal verteilt wird, fehlt anderswo. Sie fehlt nicht bei andern Völkern, sondern im Schatz der Unterlassungen, aus dem Freundlichkeit schöpfen muß, wenn sie nicht überwältigen soll. Die überzählige Freundlichkeit zwischen den Völkern reißt in diesen Schatz Lücken, die das Böse füllt.

Unordnung ist, wo alles durcheinanderschlägt, so daß man nicht sagen kann, wessen Verluste das Schlachtfeld decken. Darum wurden die Zweikämpfe eingeführt. Man sieht, wer nicht mehr aufsteht, und man weiß, wohin er gehört. Das ist die Gerechtigkeit, die Ordnung in Aktion, sozusagen.

Die herkommen, die fremden Völker, lassen sich nicht gehen. Niemand, der kommt, läßt sich gehen. Sie wühlen im Staub, doch das Durchwühlte bildet eine Ordnung nach ihnen. Die einheimischen läßt niemand mehr kommen.

Kaum eine Anstrengung veredelt und erschöpft ein Volk so sehr wie die, ein anderes zu bemitleiden. Vorausgesetzt, dieses andere ist wirklich nicht des Mitleids wert.

Kultiviert erscheinen die Völker, deren Mißtrauen keine Anstrengung kostet, die natürlich im Mißtrauen dahinleben.

In einer Geschichte, in der die Völker nicht reden übereinander, kann alles Mögliche geschehen; sie tun sich alles Mögliche an und reden drüber, jedes in seiner Sprache.

Zwei Völker treffen aufeinander. Beide sind leidgeprüft. Dennoch besitzt nur eines von ihnen die Erfahrung des Leidens. Sein Unglück war, im Griff einer feindlichen Macht zu schwitzen, die unerklärlicherweise seine Vernichtung aussetzte. Wo immer es ihm gelang, ein wenig den Kopf zu drehen, hatte es die Fremden vor Augen. Sein Gesichtssinn ist entwickelt im Übermaß an diesen Druckmächtigen, so wie die Stimme ihm fast verkümmerte – sein Ächzen genügte als Lebenszeichen. Dieses Volk schaute, was drückte. So ist das Unglück seiner Bedrückung das Glück seiner Erfahrung. Es besitzt diese in der Erinnerung nicht minder als da, wo es noch bluten und schwitzen muß. Immer sieht es sich einer Übermacht, einem anderen Volk gegenüber. Mit dem Leid, das ihm von dort geschieht, hat es nicht das Geringste zu tun. Das ist das Glück einer Erfahrung, die sich nur leiden läßt.
Solches Glück erfuhr das andere Volk nicht. Es ist seit je dort zu Hause. Darum ist es fast blind. Von seinem Unglück sieht es nichts. Deshalb spricht es viel von Glück und Unglück. Niemand hört. Das ist sein Glück, auch von dem spricht es. Sein Unglück hat denselben Grund: es zeigt sich ihm nicht, es hat sich von Anfang an zurückgezogen aus diesem Volk. Selbst von dem Rückzug ist nicht viel zu erinnern. Deshalb spricht das Volk nicht gern von seinem Anfang, oder es spricht nur davon – wenn es sich unverändert findet seit Anbeginn. Die Abwesenheit der bedrückenden Macht richtet es ein, daß man sich gegenseitig drücken muß. Deshalb sieht man sich auch nicht gern in diesem Volk. Es ist alles so ähnlich. Eine Möglichkeit des Trostes, eine Wahl liegt aber darin: alles Drückende kann man der Macht zuschreiben oder allen andern.

Aus irgendeinem Grund treffen die Völker aufeinander. Vielleicht war es Vergessenheit der Macht. Dann waren die einen ausgeschwärmt auf der Suche nach geschlossenen Ansichten, d.h. nach geknechteten Völkern im festen Griff einer Macht, schön und selbstvergessen dieser zugewandt. Und die andern hätten diese gerade verloren und durften Ersatz hoffen in dem schwärmenden Volk, das ihnen entgegenkam. Ihrem riesiggewachsenen, vorragenden Auge über dem fast verwachsenen, nur noch zum Keuchen und Flüstern tauglichen Maul wurden Anblicke klaffenden, schnappenden Gemäuls unter zerblinzelt-verquerer Glotzöffnung.
Das war aber nun eine Völkerbegegnung. Über ihren Ausgang konnte kein Zweifel sein. Das überbegabte Auge, nachdem es noch einen Augenblick seine Lage erfaßt hatte, verschwand in dem Klaffenden, dem seine Leere genauso unerträglich ist wie der Anblick einer Fülle, die außer ihm besteht. Die vollständige Verschlingung des blickbegabten, leidgeprüften Volkes gewährleistet, daß es seine Sehkraft nicht einbüßt in dem Innern des Fremdvolkes. Erstmals muß es sich mit den inneren Verhältnissen der Bedrückung befassen.
Für so ein Leiden fehlt ihm die Erfahrung. Es konnte nichts einbringen in diesen Magen. Jetzt erst beginnt sein bleibendes Unglück. Es steigt empor aus dem Maule des gesättigten Volkes wie ein Knurren. Auf diese Laute kann man nichts geben. Der Ton der Sättigung klingt so unbestimmt wie der Hungerschrei, der die Völker aufeinander hetzt.

VÖLKERVERSTÄNDIGUNG

Das Weitermachen, Weiterreden, jedes Reden kommt aus dem Mißverständnis dessen, was beredet wird; die Völker kommen aus mißlungenem Zwiegespräch: wie das Gerede, die Geschichte aus mißverstandenem Schweigen der Vorzeit.

Man begreift, wie zwei Völker, die dasselbe fühlen würden, sich nicht mehr ausstehen und aushalten könnten, wie sie herfallen müßten übereinander.

Völker, die einem sympathisch sein sollten, müßten unbekannt bleiben: man wird nichts wissen von welchen, die nicht zu einem hinwollen, die einem fremd werden, weil sie das gleiche sein wollen.

Irgendwann kennt man sein Nebenmenschliches, sein Nachbarliches so gut, daß man nichts mehr dagegen tun muß – daß man ihm nur noch entsprechen kann.

Eine Geschichte, die in Vertrauensseligkeit endet, eine Geschichte, in der die Herzen der Völker immer langsamer schlagen, bis sie gemeinsam stillstehen.

Erst wieder die Angst vor fremden Völkern lernen, das Verständnis wird sich von allein finden.

Das Talent, von der eigenen Mitte abzusehen, in einer fremden Mitte Platz zu nehmen, erzeugt Übelkeit, nicht durch die ungewohnte Mittellage, sondern durch den Anblick dessen, was sich dann ansehen läßt, die verlassene eigene Mitte.

Wenn sie neiden, verstehen die freien Völker. Neid ist Verständnis des Fehlenden. In der Freiheit gibt es nichts zu verstehen. Deshalb beneiden die freien Völker fremden Zwang. Sie verstehen die Freiheit, die man dort einreichte. Wenn zu dem Neid auf die fremde Freiheit, sich unterjochen zu lassen, noch gealterte Einsicht tritt, wird daraus immergrüne Mißgunst. Die Mißgunst versteht die Unumkehrbarkeit fremden Verlustes, fremden Gewinns. Sie findet sich seit Frühzeiten ausgeschlossen von der Freiheit, sich einer Zwangsgewalt zu überlassen, sie fühlt sich beschränkt und grundlos übersehen. Sie fühlt, daß es keine Sache von Verdienst ist, seine Ungezwungenheit zu behaupten, zu verlieren. Wenn dieses Gefühl dauert, dann sieht ein freies im gezwungenen Volk täglich den Vorsprung an Erwähltheit wachsen, der des freien Verstehens spottet. Dann wird aus Mißgunst Haß. Im Haß der freien auf die gezwungenen Völker liegt Staub aus ihrer frühen Einsicht, ihrer verlorenen Einsicht, ein Staub der Geschichte, die ihnen vorenthalten wurde und in der sie nun vorgeführt werden.

Stunden der Völker

Auf- und Abtritt der Völker, einander zu quälen. Es ist Großzügigkeit in dieser Vorstellung vom dauernden Dunkel des Völkerlebens bei momentaner Beleuchtung einer Quälzelle, eines Schlachtfeldes. Mit der Logik von Erscheinen und Verbergen rechnet, wer so denkt. Eine optimistische Idee von Verteilung, von Gerechtigkeit in der Zeit liegt da zugrunde. Nachdem aber so viel erschienen ist, benötigt man Tröste gröberen Kalibers. Die sukzessiven Auftritte von etwas, das immer schon da ist, erfüllen diese Not. Jedes Volk darf einmal den Henker des anderen spielen. Mehr ist nicht gefordert, um der Forderung von Dauer, von Sukzession Genüge zu tun: es darf nie ein gequältes Volk seine Peiniger erreichen. So ist für Fortgang gesorgt. Gott selbst scheint hier überrascht worden. Die Idee einer Menschheit in der Folge des Völkerleides behauptet sich gegen zwei andere Ideen: des verbundlosen Auftritts der einzelnen Völker, wo eines das andere heil läßt und bloß Gott und Mensch differieren im Alleszugleich und Nichtssofort; der Summation der Folterer und der Gefolterten. In der wahren Geschichte läßt nichts das nächste unberührt, darum kann sich aber auch niemand einer Verwandtschaft mit *allen* Henkern, *allen* Gehenkten rühmen. Die Nachricht von den weltgeschichtlichen Stunden der Henker- und Gehenktenvölker ist ohne Pointe, frei erzählt und darum nicht anders denkbar denn als Werk eines heiteren Geistes.

GLÜCKLICHE VÖLKER

Wir träumen von einer Welt, in der die Dummheit gerecht, das heißt gleichmäßig verteilt ist – in der niemand mehr dem Blöden das stille Glück neiden muß.

200 Jahre redet man den Geglückten ein und nach, daß Glück auf Dummheit beruhen müsse, so werden es täglich mehr.

Verstört etwas stärker als ein Volk auf der Suche nach seinem Glück? Vielleicht das: sein Blick, wenn es sein Glück fand. Ein Anblick, der sich öfter bietet, als man meinen sollte.

Ein, zwei Mal im Leben erhält man die Freiheit, sein Glück eigenhändig zu erwürgen, man bemerkt es nicht einmal und stirbt gedemütigt und nicht unzufrieden.

In der Abhängigkeit ereignen sich die Glücksfälle. Abhängig sein, das heißt: nicht mehr aufstehen fürs Glück, das Glück für sich stehen lassen.

Das Glück ist Anwesenheit, die nur sich selbst einschließt, das Glück ist Tautologie.

Sie sind im Glück. Aber sie können dessen Anfang nicht vergessen. Deshalb fürchten sie sich.

In der Gleichgültigkeit erscheinen die Objekte, unter ihnen erscheint das Glück, Objekt unter Objekten.

Glück ist, gefunden zu haben, was einen ertragen läßt, was man vorfand.

Von Erwartung so geschwächt, daß nichts bleibt als die Annahme unerwarteten Glücks.

Die Erschöpftheit ist der Teil des Glücks. Das Unglück besteht darin, sich nicht erschöpfen zu können. Das Unglück der Erschöpften ist nicht, von einem Glück ins andere zu fallen.

Diese Einrede, daß man auf ungeteiltes Glück keine Ansprüche habe, kann über viele Jahre beleben, die Anspruchslosigkeit verhilft zu einem Glück, dessen Halbheit stündlich pocht.

Den glücklichen Augenblicken hinterherlaufen, kann ja auch heißen: allzufrei sein von ihnen, ihnen nachträglich die Würde des Chronischen verleihen.

Von zwei Seiten verzehren Glückliche die Welt: die von allem absehen und die alles überschauen, die Abstrakten und die Sammler. Ein Moment der Unaufmerksamkeit, und die Welt erscheint den Glücksvölkern, wie sie ist, und man wird zerrieben zwischen ihnen.

Die glücklichen Völker vergessen ihre Anfänge und hören nicht auf, von ihnen zu leben; das Familienglück hört nicht auf, das Ende der Völker zu vergessen.

Das Unglück trifft ein Volk in jeder Lage, weil es kein unverschuldetes Unglück gibt; das Unglück stammt aus der Ökonomie. Das Glück trifft nur die Gleichmütigen, es berührt sie nicht und kann wachsen und verdorren; es stammt aus dem Ackerbau, es läßt sich ernten.

Die Leidenschaften und besonders die eine, der niederträchtigste Anschlag auf die Würde des Menschen dadurch, daß sie zu nichts passen will, daß sie an nichts fehlt, daß sie vollständig die würdelose Lage des Menschen in der Welt verkörpert – leider nicht vor ihm, sondern in ihm. Diese Lage ist: Im Glück ist nichts, alles andere ist Unglück.

Unglück vertieft, Glück wechselt die Farben. So erhält vor der Schwärze oder dem Grauen der Welt jedes Ding seinen Ton im Unglück; das Glück läßt alle Töne unangetastet. Es mengt im Hintergrund, zu einem Anblick, der das Auge beleidigen würde, wenn es nicht hängenbliebe an ergrauten Wesen, die ihm entgegenwollen.

Arbeiter und Bauern

Arbeiten läßt sich am besten fürs Bürgertum – für Menschen, die den Wert ihrer Verzweiflung kennen, weil sie noch anderes kennen als Verzweiflung.

Man ist versucht zu schweigen, der Stummheit zu verfallen, mehr und mehr, je eher, je lieber. Man will hinaus aus dieser Geschichte, diesem Gerede. Wie kam man hinein? Man erinnert sich noch, daß man von Bauern abstammt, die lange Kirchen-, Arbeits- und Ehejahre schweigen konnten, die mitunter aber auch zum Reden gebracht wurden. Dann wurde etwas gefordert, versprochen und verteilt, sie waren schlecht darauf vorbereitet und kamen aus einer Geschichte nicht mehr heraus, in die ihre Nachfahren sich noch hier und da eingebrockt finden.

Sein Haus abschließen, seinen Garten abernten und zur Schöpfung schreiten, die Erde zerwühlen.

Es gibt nichts zu tun, aber viel zu nähren. Daraus ergibt sich, was zu tun ist.

In dieser aus Liebe und Arbeit errichteten Welt ist die Treue mehr als ein Zahlungsmittel, sie ist, was einen fürs Fehlende freihält.

Wenn nicht nur wenige, sondern alle die Arbeit ablehnen würden, dann träte Gerechtigkeit für alle ein, wenngleich als Kampf gegen alle.

Ein Volk, das unempfindlich ist gegen den Unterschied von Arbeitenmüssen und Nichtarbeitendürfen, das Einsamkeit so gut erträgt wie Gesellschaft, ein Volk, vor dem selbst dem Schöpfer und Vernichter grauen müßte.

Die Trennung des Menschen von der Arbeit verspricht eine Szene wie diese: Ein jeder sitzt in seiner Stille, vielleicht am Rande eines großen Rundes, in dessen Mitte Un- und Halbfertiges durcheinandergestreut ist. Ab und an werden daraus Dinge genommen und ausgerufen und Gründe vorgetragen, die für Bearbeitung sprechen, der Mensch am Rande hört und prüft, er bejaht oder verwirft.

Das Wissen, daß Arbeit ein Fluch ist, droht verlorenzugehen. Es flüchtet sich dorthin, wo der Arbeit die Strafe auf dem Fuße, auf den Tag genau folgt, zu den Arbeitern. Aber die Müdigkeit verstummt vor einem Arbeiten, das selbst zu verfluchen vermag. Da geht es anders zu als beim ersten Fluch: das Arbeiten findet eine gestrafte Welt schon vor und erinnert ihren Inwohnern die Zeit. Und was ist da zu fluchen? Eben auf das, was alles es mit sich fortreißen muß, das Arbeiten, das ununterbrochene.

HANDEL UND HANDWERK

Zwischen dem Bedürfnis und der Bedürfnislosigkeit erblüht der ganze Reichtum menschlicher Kränkung.

Wenn man sich über ist und loswerden will, dann soll man sich verkaufen. Aber muß man erwarten, daß einem der Überdruß vergolten werde? Eine ganze Wirtschaft seufzt unter solchen Fragen.

Die Passion gleicht dem Kapitalverhältnis. Es muß etwas da sein – ein Stolz, eine Freiheit –, das sie veruntreuen kann.

Das Wirtschaftsleben findet die Gestorbenen vor. Aus ihnen fertigt und handelt es Unerfindliches. Keiner soll umsonst gestorben sein.

Wir hören nicht auf, Handel zu treiben. Warum soll es anderen besser gehen als uns?

Handel und Verkehr

Wofür man stirbt und tötet, lebt und leben läßt.

Städter

Was dem Provinzler in der Stadt geschieht, das nennt er die Stadt.

Die Erwählten kommen aus der Provinz, und sie wählen sich wieder ihre Provinz.

Wer in der Stadt aufwuchs, weiß, daß er niemanden braucht. Wer in die Stadt einzog, muß es erfahren.

Wenn die große Stadt bewegungslos liegt, kann wieder Leben in sie einziehen.

Die öffentlichen Verkehrsmittel erzeugen beim Städter die Vorstellung, über Nähe und Ferne zu gebieten, die Vorstellung, irgendeinem näher sein zu können als einem anderen.

Als Metropolit wird man geboren, denn in einer üblen Laune begrüßt man die Welt; mit einem Lächeln geht man ein in die Provinz, die man verließ.

Ungutes gewärtig von der Provinz, weil sie ist, was in die Stadt will, Ungutes erinnernd aus der Stadt, die ist, wohin es die Provinz schaffte.

Zwischen den Häusern, in denen er lebt, werden neue errichtet. Nichts widerlegt stärker den Menschen in der Stadt.

Befreier, freies Volk

Man sieht nicht das Gesicht seines Befreiers. Die Befreiung ist eine Bewegung, die am Befreiten vorbeizieht. ... Dein Befreier war unterwegs auch ohne dich. Du hast dich befreit, als du ihn aufhalten wolltest – ihm ins Gesicht sehen wolltest.

Über nichts spricht man leichter falsch als über Abhängigkeit. Freiheiten aller Art sind leicht verstanden, wo mit einem Wort verscherzt.

Unübertroffen der Geist der Völker, die Geschenke empfangen und die merken, was sie nicht nötig haben; unübertrefflich der Einfall, einem Volk seine Freiheit durch Geschenke zu verkünden.

Unvermindert beeindrucken die Dummköpfe, die Besitzer der Freiheit, die ihren Gebrauch wünschen.

Die Dummheit ist unbestechlich. Der gute Ruf der Dummen, das freie Urteil, das man ihnen zutraut.

Der Gebrauch der Freiheit ist, sie zu verlieren; eine Freiheit, die nicht loszuwerden ist, kann man nicht gebrauchen, so wenig wie angeborenes Genie.

Die Erfahrung des Unnötigen, die Erfahrung unnötig zu sein – sie ist älter als die Geschichte mit ihren Vorwänden aus Bedürfnis. Vielleicht ist es die Erfahrung verfrühter Menschenvölker oder unbekannter Tiergeschlechter, die Erfahrung eines Lebens, das kein Hang zu Entwicklung verunstaltete.

Man beschämt, was einen beherrscht. Man erklärt, daß man in seinen Werken keinen Sinn entdecken kann. Man erklärt, daß man ihm unter allen Umständen dienen wird.

In gewisser Weise ist die Selbstbefreiung ein Ausdruck mangelnden Selbstbewußtseins. Gestürzte Hoheiten, denen niemand aufhilft und die durchaus weitergehen wollen.

Kurz vor Abschaffung der Leibeigenschaft überkommt die Leibeigenen etwas wie Ahnung, eine Ahnung um die Kostbarkeit, die das Leben eines Leibeigenen besaß. Es selbst besitzen, sich als wertlos erkennen und den Leib nurmehr mit ganzer Seele loswerden können: eine Kette von Dingen.

Frei geboren sein, das heißt kurz nach der Geburt erfahren, daß man überflüssig ist. Wie alle Freiheit auf einen Irrtum zurückgeht, so auch die freie Geburt, auf eine Ungenauigkeit der Hüter des Lebens. Unfreiheit spürt man, anders als Unabhängigkeit, nur einmal: wenn man endlich aus der Abhängigkeit verstoßen ist. Die Freibeschäftigten, die Ertragreichen und Leidensklugen bestehen da auf einer Freiheit, die sie abhängig nicht zu schätzen wußten. Die ganze Geschichte der Gefühle sickert von dort, aus dieser Unfühlbarkeit der Freiheit, die man den Freien anhängte.

Aus der dichtesten Bedrängnis des Zwangs findet man sich plötzlich freigesetzt, man atmet durch und sagt ja zu dem, was einen zwingt. Das Zwingende hat niemals nötig, einem die Freiheit zu lassen, sich für es zu erklären. Das ist ja das Unerklärliche der Freiheit.

Daß man wirklich frei war, sieht und erkennt man daraus, daß die Freiheit von anderem Schlage war als der Zwang, unter dem man jetzt schwitzt; daß sie es nicht wie dieser vermochte, eine Geschichte einmal zu päppeln und andauern zu lassen; daß sie es aber vermochte, eine Geschichte zu begründen – anders zu sein als nachwuchherndes Würg- und Schlinggewächs – unter ihm zu verschwinden bis in den Grund.

Weil die Freiheiten Geschenke sind und weil man sich keine Geschenke machen kann, gibt es nur zwei freie Völker: eines, das jemand, wo alles schon vergeben war, der Welt schenkte; ein anderes, das von seinen Eroberern beschenkt wurde. Auch denen durfte die Freiheit nicht gehören, sie ist ein Geschenk, das man immer nur empfängt oder vergibt.

Der Anfang von Freiheit sind Freiheiten, also Ordnung.

Ein anderes Auftreten von Freiheit als der Marschtritt ist überhaupt schwer vorstellbar.

Auftreten so plump, wie nur Freiheit auftritt, mit bleiernem Fuß im eisernen Stiefel.

BEFREITE, BEDRÜCKTE

Nicht der freie, nicht einmal der befreite Mensch flößt uns Respekt ein. Was soll man vor so einem den Hut ziehen? Der beladene, befangene, eingezwängte Mensch imponiert uns. Was immer an Zwangsmacht ihn uns verdeckt, es macht ihn größer als den Größten der Freibeweglichen.

Unsere Achtung vor den Bedrückten ist bis zur Ehrfurcht gestiegen, seitdem wir erkannt haben, daß es nur weniger werden können; was auch die Zeit bringe, sie bringt einen Überstand an Befreiten. Im Schauen- und Nichtanrührenwollen finden wir die zarten Verhältnisse des Bedrückenden beachtlich.

Wahrscheinlich bringt nur der Anblick schwitzender Notopfer diese Verbindung zustande aus Respekt und Mitgefühl. Sonst Unverträgliches fühlt innige Verbundenheit, wir fühlen gerne mit. Wir fühlen erst dort mit, wo man unsere Hilfe nicht benötigt, weil man das Genick zu fest im Griff des Zwanges hat; der Gezwungene ist diesem ganz selbstvergessen zugewandt, hat für nichts anderes mehr Augen. Das rührt uns. Es ist aber auch respektabel, denn wir respektieren alles, was nicht in so kleine Sorgen vertieft ist wie das Hüten der eigenen Freiheit, diese immer zu große Besorgtheit um eine kleine Sache. Wir haben, von lauter Respekt und Mitgefühl ganz erwärmt, das Gefühl: die für eine Zwangsgewalt da sind, die sind auch für uns da; es ist da Geschenktes, verschenkt zu werden.

Da alle Völker versklavt werden und alle in der Sklaverei etwas annehmen sollen, sind die stolzesten Völker die sklavischsten und die tiefststehenden. Sie, die gar nichts annehmen können und doch Sklaven geworden sind, sind es um nichts geworden, da hilft es wenig, daß sie über diese Schändung ihren Sklaven-Halter mit Gesten der Annahme trösten.

Daß sich die Macht zurückgezogen hat, die eben noch drückte, spürt man daran, daß einem all die guten Erinnerungen an sie schwinden. Man vermißt nichts mehr an seinem Peiniger und kann anfangen, auf diese Freiheit eine Erinnerung zu bauen.

Vor Leuten, die zu beleidigen sind, muß man Respekt haben, zunächst. Wenn man sie dann beleidigt hat, wird sichtbar, was sie einem verdanken. Diesen Anblick respektiert man nicht. Es wird einem klar, daß man sie verachten oder ihrem Leid überlassen muß.

Für die Charaktere mancher Völker gibt es keinen Begriff. Man kann sie nicht anders charakterisieren als durch alles, was einem zugestoßen ist durch sie.

Fast jeder, den wir grausam behandelt sehen und dem wir nicht helfen, erscheint uns grausam.

Man fühlt sich gefesselt an das, was erniedrigt, man fühlt an sich gefesselt das, was bewundert.

Der Bedrückte meint, es müsse groß sein, was ihn bedrückt, mindestens so groß wie er selbst.

Erkennbarkeit ist wie Schicksal etwas, das der Zuteilung unterliegt. Eine fremde Macht verhilft dir zum Gesicht.

Bedrückte Völker

Man sollte erwarten, daß die Bedrücktheit keinen mehr bedrücken kann, wo sie alle befallen hat, daß sie nichts mehr ist, das ausbrechen könnte. Aber sie ist eine von den freigebigen, von den produktiven Krankheiten, sie vergilt ihre Duldung mit Wachstum. Von den Geschwüren der Depression ganz zugewachsen, erkennt kein Auge mehr das andere, eine Hand verfehlt die andere oder schlägt ins Leere, im unbegrenzten Wachstum der Schwermut befreit sich die Geschichte vom Menschen.

Vieles haben die betrogenen Völker den bedrückten abgesehen, und immer sahen sie dabei ab von sich und wurden noch übler betrogen. Das eine haben sie nicht gelernt: den Bedrückten ihre Bedrückung abzuschwatzen, sie ins Leere hinein zu heilen – selbst an ihrem Betrogensein sind sie noch zu reich für solches Betrügen.

Leidschimmernden Fremdvölkern und Vorwelten soll ihr Seufzen gestohlen werden, weil sich jemand damit aufblasen will, aber Geseufze läßt sich schwer stehlen, es beschwert und hält auf der Stelle, man atmet fremde Klagen und wird schweben, ein Fesselballon aus Leidensluft.

Unsere Melancholien sind Erinnerungen an den Überfluß, dem sie entliefen. Weil wir diesen mit niemandem teilen wollten und doch schon weltläufig waren, haben wir die Völker der Welt mit wertlosen Traurigkeiten beschenkt.

Man hält sich an das, was einen nicht zwingt, sofort zurückzuschlagen, man hält sich an das, worauf man sich verlassen kann, weil es einen nicht sofort verläßt. Man hält sich nahe beim Unglück.

Die einen meinen sich zu vermindern, wenn sie etwas haben wollen. Die andern spüren nichts. Was sie bekommen, wächst ihnen zu oder aus, sie tragen, was ihnen nicht fehlte.

Sich der entfernten Völker erbarmen heißt, zu dem erbarmungslosen Volk gehören wollen.

Ich helfe niemandem. Ich habe keine weltweiten Empfindungen, und zu Hause fehlt mir nichts. So empfinde ich.

Wenn es Völkern gelänge, was erwählten Einzelnen gelingt: ihre Trübsale für sich zu behalten, so daß sie sich verdichteten zu einer Geschichte außer aller Zeit …

Es gibt Traurigkeiten, die – einmal versäumt – nicht mehr aufzuholen sind. Vielleicht ist Traurigkeit das überhaupt: Wissen um den sicheren Besitz, ein Leiden an der Unteilbarkeit von Vergangenheit.

Sich ein Leben lang still verhalten, und wenn einem von den Gliedmaßen her, diesen Innereien der Außenwelt, nichts mehr droht: Ausbruch von Heiterkeit, Heiterkeit als späte und erste und letzte Regung.

VOLKSSPRACHE

Wer für sie spricht, hat unrecht. Wer widerspricht, bekommt unrecht.

Niemand verliert den Verstand in einer Fremdsprache.

Nach und nach verwandelt sich alles in Sprache, also vergessenes Gespräch.

Die Stille verbindet uns sogleich mit allen Stillen, das Geräusch nur mit anderem Geräusch.

Das Schweigen ist Geschenk, wie der Schlaf.

Es gibt welche, die das Sprechen bezahlen. Es muß welche geben, die das Schweigen unterhalten.

Schweigen ist nicht das Höchste. Schweigendürfen ist es.

Je länger ein Volk spricht, desto länger herrscht es und desto mehr ist es Sklave bei denen, die ihm zuhören.

Als die Geschöpfe winzig genug waren, um ihn anzurufen, da ist ihr Schöpfer vielleicht aus Angst vor ihnen verstummt.

Wir beneiden die Volkssprachen, die verlauten lassen, was wir nur sind: hart und schwer zu fassen.

Wir gehen nicht zu fremden Völkern. Wir haben keine Lust auf die Komödie fremden Sprechens, wir bleiben zu Hause, bei unseren Tragödien, bei unserem Altertum, das wir besuchen, dann und wann.

Erhabene Misere der Völker, die ihre Sprache verlieren. Noch das barbarischste, nichts-als-stammelnde Volk macht diesen großen Eindruck, wenn es seine Sprache verlernen muß für eine andere: Wir trauern auf beträchtlichem Niveau um jene, die nicht trauern können, weil sie sprechen müssen, wir finden uns im Vollbesitz des Leides jener, die es nicht in einem Schweigen verzehren durften.

Eine rechte Gewalt weiß weder sich noch ihren Opfern zu helfen, aber es ist klar, daß nur sie aus der Hilflosigkeit heraushilft. Wo alles Gerede geworden ist, kann man einzig auf die Zungenkrüppel hoffen. Später sind die Beredten schlauer, sie wissen, was ihnen blüht, und werden ihrer Schlachtung würdiger, mit einladendem Schweigen aufwarten.

Es gibt Völker, die sich verfärben, wenn sie über sich zu sprechen beginnen, und es gibt Völker, die sich dabei gleichsehen. Man weiß nicht, welche Völker zuerst sprachen, und man weiß auch nicht, ob sie einander nachredeten.

Völkerbewegung

Glück ist Ruhe. Ruhe ist Unglück. Ruhe wäre Glück. Deshalb bewegt man sich.

BEFREITE VÖLKER

Wie unfrei ein Volk ist, erfährt es, wo es sich bewegt.

Man ist nur frei, wenn jemand etwas will von einem. Warum will man frei sein?

Unsere Hauptbeschäftigung: dasein. Wäre das anders, wir kämen mit weniger aus.

Wenn es einem um Befreiung zu tun wäre, dann würde man alles bis zum Überdruß tun.

Mit Füßen tritt man Freiheit, nicht Unabhängigkeit.

Die Unabhängigkeit hat mehr mit der Abhängigkeit zu tun als mit der Freiheit. Ein Unabhängiges weiß, wovon es abhängig war oder wird, ein Abhängiges weiß, daß es abhängig ist; nur die Freiheit weiß alle Zeit nichts.

Die Freiheit eines Volkes erkennt man an seiner Unbeweglichkeit, die Unabhängigkeit eines Volkes an seiner Bewegungslosigkeit.

Der Gebrauch der Freiheit ist, sich mit ihr zu verlieren, der Gewinn der Abhängigkeit, erwählt zu werden ohne alle Zugabe.

Geschichten, die auf nichts anderes hinauslaufen als auf Befreiung. Schwer zu entscheiden, was hier trostloser wirkt: der Anblick, der den Zurückgebliebenen zuteil wird, das Erstaunen derer, auf die alles ankommt.

Sich selbst befreien kann tapfer sein; es ist niemals edel. Der Selbstbefreier: ein Verlassener, niemand setzt sich für ihn ein, er gibt denen Recht, die ihn verließen, er hilft sich selbst, er ist ihnen auf den Fersen.

Der Hochmut eines bedürfnisarmen Volkes sickert noch durch jede Kopie, jeden Abzug seines Daseins. Wüßte man nicht um seine Versklavung und Verdrängung – man müßte sich sofort hinbemühen zu diesen Virtuosen der Arroganz und der Naturnähe, man müßte sie selbst unters Joch zwingen.

Die Befreiungsgeschichte zeigt, wie die Abhängigkeit an Gewicht verliert. Am Schluß ist man ganz leicht geworden – das, wovon man abhängt, hat selbst alle Mühe des Daseins auf sich genommen. Weil man weniger als abhängig, weil man Abluft, Leere, Überfluß geworden ist, hat man erstmals die Freiheit, einem anderen Raum zu schaffen. Man schafft Raum dem, was ohne einen sein kann. Davon ist man abhängig am Ende. Man wartet nicht den Verfall dieses Unabhängigen ab, man beginnt an ihm zu bessern, ehe ihm schlecht wird an seinem Leben, man beginnt, es am Leben zu erhalten, ehe es seines Lebens überdrüssig wird.

Die Würger der Völker, oft qualitätenlos und von schlechtem Geschmack, haben den ursprünglichen Sinn für Qualität. Sie wissen nur die eine Wahl: den Schund, der für alle reicht auf Erden, oder die Aufteilung der Erde selbst. So sorgen sie mehr aus, als sie absehen können. Nicht nur eine blutig gekehrte Erde für den Genuß des wenigen Guten hinterlassen sie, sondern auch Raum für den Schund, Geburtsraum für die kommenden Geschlechter.

Echte – ersatzreiche, entschädigungsfrohe – Befreiung winkt. Sie stellt für jede gelöste Gebundenheit eine neue bereit. Eigentlich ist Befreiung schon beim Einwickeln in den neuen Verband, unter Verwendung des Altgewebes, gerade in den ersten Stunden. Man sieht da, wie die Befreiten ihre Freiheit buchstäblich aus nichts flechten, nämlich aus den Fesseln und Schnüren, an denen sie hängen. Es gibt Völker, die das nicht begreifen müssen, weil sie an sehr langen Fäden geführt werden, sie heißen die geschichtlichen oder erwählten oder begünstigten Völker. Ihre Geschichte zeigt beides: sie entehrt und vermehrt die Gebundenheit in der Welt. Immer unterwegs in neue Verstrickungen, können Freivölker an die Notwendigkeit keines Zwanges mehr glauben, da bleibt nur das Zwingende ihrer Geschichte. Sie ist bunt und einlinig, bewegt und bedrückend. Unter dem einen, in den Wechsel seiner Bedrückungen vernarrten Volk stöhnen nur die anderen Völker, die Zeugen seiner Schicksale und Freiheiten.

Wo man frei geboren ist, erfährt man bald nach der Geburt seine Überzähligkeit. Sich auch nur auf kurze Zeit verdingen ist das einzige, was einen wieder in dem Leben auftauchen läßt, womit gerechnet wird. In der unfreien Geburt, der mitgezählten, abgezählten, erfährt man seinen Wert täglich von neuem. Man hat sich, was einen besitzt, nicht ausgesucht, da wäre es schief und ungerecht, wenn man seinen Besitzer verlassen könnte wie jedes Freigeborene, immer auf der Suche nach neuen Besitzern. Der Besessene besitzt von Anfang an seinen Wert, er verliert ihn zum Ende hin. Der Freigeborene scheffelt diesen Wert ein Leben lang; was dem Erwerb sonst im Wege steht, das Alter, zeigt ihn im Vollbesitz seines Wertes. Im Alter kann sich der Freigeborene so besitzen, wie es ihm von Geburt an aufgegeben war und ein Leben lang fraglich schien. In der Vollkommenheit seines Besitzes steht er und weiß um die Anmut seiner verdienten Jugendlichkeit, beides, Vollbesitz und Jugendverdienst, sind ihm eingeprägt, er wird sie nicht los, man glaubt ihm vielleicht auch nicht, erst der Tod nimmt ihm das ab. Weil er für den Menschen im Vollbesitz die vollkommene Lösung ist, kommt Vorfreude nicht auf. Der unfrei Geborene bereitet sich ein Leben auf sein Ende vor, schwächer und schwächer, wertloser und wertloser, entgleitet er täglich der Hand seines Besitzers, er stirbt seiner Freiheit entgegen. Das Gefühl von freiheitgewinnender Schwäche rettet er auch dort hinüber, wo er schon längst aufgegebener Besitz ist, der aufgegebene Sklave darf sich so überzählig, so frei fühlen wie die ersten Menschen. Es ist das Letzte, was man von den untergegangenen Reichen der Menschenbesitzer, Menschenhalter oder -züchter sieht: jene Alten mit ihrem Alterswissen um eine Überzähligkeit, die aus Altersschwäche nicht mehr abzuschütteln ist und die zum Altersbesitz, zum Altenteil wird. Es ist das erste, was der befreiten Menschheit in die Quere kommt.

Freiheit ein Rückstand, von Parasitentum, unerwünschtem Gästetum, denkbar nur in einer ungastlichen Welt. Ihre Grund- und Bodenlosigkeit widerspricht nicht dieser Ortsgebundenheit. Die Herkunft dessen, den man Parasiten nennt, ist ja unerklärlich und bleibt es. Man kann sich nicht vorstellen, woher ein Parasit kommt, wovon er gelebt hat »bis jetzt«. Ein endloser Teilungsstrich muß durch das parasitäre Sein gehen. Es muß dort immer eine Teilbarkeit geben oder einen Teil, von dem sich zehren läßt. Nur an dem, was man abtreten kann, läßt sich frei sein. Alles nicht-parasitäre Dasein, d.h. alles, was aus eigener Kraft, auf eigene Faust sein muß, muß hinarbeiten auf Versklavung der Welt in Parasitentum, Abhängigkeitsverhältnissen. Umgekehrt verdankt die Welt diesen freien, durchweg selbst verwirklichten Gewaltmächten, Gastfreien, Diktatoren, die nicht sein wollen, ohne anderes Sein zu verzehren, alle Freiheiten der Abhängigkeit. Nur aus der Abhängigkeit, dem Parasitismus, blüht Freiheit, eine Blume, die stets anderswohin ihren Kelch reckt als zu ihrer Herkunft. Immer entgeht dieses Wissen der Freiheit den freien Völkern. Auch ihre Geschichte, ihre Religion hilft ihnen da nicht weiter – Wechselbegriffe: beide das, was sie nicht annehmen können. Erst in der

Abhängigkeit, so müßte ihre Befreiungsgeschichte anfangen, erhält man Freiheit und Möglichkeit, sich von etwas loszusagen. Aber die freien Völker finden kein Mitleid, keine Gnade von den abhängigen, es ist niemand, der sie unterwirft, unterhält.

Die Frage nach dem Wovon und Wozu der Ablösung geht ins Leere. Wofür man frei wird, sieht man dagegen sofort: das erste und letzte Geschenk der Freiheit ist der unverstellte Anblick der Macht, an die man sie verliert. Keinem andern (Rechtsgeschützten, Grunddurchsetzten) zeigt sie sich so. Seine Freiheit augenblicks erkennen und verlieren ist eines; wer sie zu nutzen verstand als Platzhalterin einer fremden, übergroßen, vorwiegend mit sich selbst beschäftigten Macht, die sich erhaben und staatengroß und ärschlings auf die freie Seele senkt, der genießt ihr Schauspiel lebenslang. An einer Macht leiden zu dürfen, indem man sie freihält und ihr den Platz schafft, den sie einem beschneidet – das schafft den überwältigenden Eindruck von Traumhaftigkeit, eine Souveränität wie im Unterhalt einander jagender Schatten. Jeder Mensch, der sich von irgendwas ablösen konnte für frische Unfreiheiten, fühlt sich sofort beschenkt mit den Einsichten in die Kämpfe und Spiele aller wesentlichen Dinge, die Verschlingungen und Erschaffungen der Wolken etwa. Wesentlich, d.h. daseinsunbekümmert, des Menschen nicht achtend, ist auch das Knirschen der großen Mächte auf dem immergleichen Blutflecken eines kleinen Volkes, das sie aushält und das dabei die Macht einer Gebärerin fühlt, die festsetzt, wann sie sich von dem fremden Leben trennt.

GESCHLAGENE

Der Frieden eines Volkes beruht auf dem, was es nicht mehr ändern kann.

Ein Übermaß von Schmerz kultiviert nicht mehr, sowenig wie ein Übermaß von Prügel.

Schlagen will man jemanden, der einen nicht hassen würde, wenn man ihn schlüge. Darum schlägt man ihn nicht. Darum will man ihn schlagen.

Wo einem die Ältern nicht mehr für Schläge aufkamen, weil sie sich nicht unbeliebt machen durften, da mußte man sich alles bei seinesgleichen holen.

Man schlägt die Jüngeren nicht mehr. Sie müssen selbst aufkommen für alles. Warum sollen sie es leichter haben als man selbst?

Opferturm. Die Letzten, die Kleinsten, die Wenigsten auf den Schädeln geopferter Völker, Zwergengekröse auf den Knochen von Riesen; Perspektiven auf Leidensgeschichten.

Es sind rückwärtige Einsichten: Das Geliebte ist das Gezüchtigte. Wenn der Regen aus Prügeln versiegt, sieht man die Sonne, die dahinter schien. Sie geht rasch unter.

Der oberste Zuchtmeister selbst schien von einer Unsicherheit ergriffen. Er nahm den Menschen ihr Bestes, damit sie ungehindert sich zu ihm hocharbeiten konnten, so wie es ein maßvoll mit Prügel traktiertes Kind kann, dann änderte er seinen Geist und die Zeit und versprach vollgültigen Ersatz für das Geschlagene, Gekreuzigte.

Einer, der züchtigt und das Gezüchtigte durch Aufrichtigkeit erniedrigt, durch das Geständnis seiner Für- und Vorsorglichkeit, seiner Zukunftsliebe.

Nur die Besten dringen durch zur Einsicht. Die sich unter der Prügel langweilen und darum kein Ende nötig haben.

Unkurierbares Unglück, von den falschen Leuten geschlagen zu sein.

Geschlagen steht ein Volk, in seiner Trauer wird es fromm und fleht: Gebt unsere Schwermut wieder!

Jemandem mit Schlägen über die Zeit helfen – oder die Prügel aussetzen, ihn in seinem Zeitalter versinken lassen, sich nicht mit dem Kleinkram der Erlösung abgeben.

Die rücksichtslose Freundlichkeit, die wir gegen jedermann üben, hinterläßt eine solche Traurigkeit, daß sich die Traurigen endlich als Verursacher unseres Lächelns entdecken.

Im Mitgefühl für die Geschlagenen ist zweifellos eine *Kälte*, wie sie überall klirrt, wo man erst im letzten Augenblick vom Adressaten seiner Gefühle erfährt. Aber *Frost* knirscht, wenn man an der kämpfenden Menschheit Gefühle entfaltet, an Zuständen, die sich durch die Zeit schlagen. Da klimpern in einem Gedächtnis die Eisstücke.

Die Regungsarmut mancher Völker scheint sich herumzusprechen, so weit, daß sie immer mehr Unglück anzieht; jeder Schlag, den so ein regungsloses Volk übersteht, ist eine Einladung für den nächsten. Schließlich hat sich alle Welt um die Regungslosen versammelt und steht an, bei ihnen einzuschlagen. Die Regungsarmen bieten sich nicht den Schlägen, aber nehmen sie auf. Nach und nach erkennen sich die Schläger wieder, im Innern des geschlagenen Volkes, aufgenommen von einer Nation, die die Welt umfaßt.

Götter haben ihre schwachen Momente, in denen sie, ohne viel nachzudenken, so rein aus Gewohnheit, ihren Liebes- und Erziehungspflichten nachkommen; teilnahmslos senden sie ihrem Menschenvolk seine Tracht Prügel, sein Quantum Unglück, weltgeschichtliche Momente, die oft unverbunden dastehen, aber von nicht weniger Bemühen zeugen als die Tracht Prügel, die ein Trunkenbold werktags austeilt oder empfängt.

Ein Volk im Unglück

Man lebt unterm Zeichen des aufgeschobenen Unglücks. Nur das Glück läßt sich nicht aufschieben. Wo ein Volk glücklich ist, lebt es unterm Unglück selbst.

So lange hat man sich gequält, ein Unglück zu vermeiden, daß schließlich auch sein Eintritt quält.

Nicht sein Unglück ist, was dieses Volk bekümmert, sondern daß sein Unglück zu nichts nütze sein soll.

So dumm sein, daß das Unglück einen Bogen um einen macht. Aber ein ganzes Volk ist selten vorm Schicksal sicher, es sind immer ein paar Kluge und Klügere darin, die ziehen das Unglück an.

Nachdem es bei anderen nicht Gast sein durfte, ist ein Volk bei sich selbst Gast, bei seinem Unglück, beim Unglück seiner Vertreibung; so gesehen, ist es bei den Völkern ein gern gesehener Gast.

Um von dem Unglück loszukommen, müßte man entweder an sich denken, an das, was man vor dem Unglück war, oder an das Unglück, wie es war, bevor es einen heimsuchte.

Das Verstummen nach landesweiten Unglücken zeigt, wie Schweigen sofort hilft, anders als die Zeit, wie es aber auch nicht für immer hilft, anders als die Zeit.

Nur das Unglück währt ewig. Wahrscheinlich ist es sogar immer dasselbe Unglück, das währt. Wahrscheinlich triumphiert das Unglück auch noch durch Ökonomie.

Das Unglück sammelt, fesselt, konzentriert seine Leute, es scheint der Unglücklichen irgendwie bedürftig, es zerstreut sie nicht in alle Winde wie das Glück die Beglückten.

Das Gesicht einer Hoffnungsvollen muß trivial erscheinen vor dem Gewicht dessen, was sie trägt, das Gesicht eines Volkes trivial nach dem Unglück, das es trug.

Was ein Volk bespricht, ist die Quelle des Unglücks, und was nicht zu besprechen war, wird sein Unglück.

Man hat sich angewöhnt, ohne Not in den Spiegel zu sehen; eines Tages grinst daraus das Unglück wie ein Idiot.

Unglück, das uns voraus ist, macht uns ein jämmerliches Gefühl, wie Lärm, den wir nicht selber machen.

Tragisch tut ein Volk, das sein Gleichgewicht im Unglück hält – das anderen antut, was es sich antun läßt.

Das Unglück hat uns derart verfeinert, daß wir einer kleinen Barbarei bedürfen, um anderen kein Unglück zu bringen.

Eine freundliche, blinzelnde Gleichgültigkeit wirkt einladend auf das Unglück. Es ist dasselbe Unglück, das rasen, kollabieren und schlafen machte, es geht auch verschämt und auf Zehenspitzen vor dem Blinzler.

Eine Verblödung, so porentief gründlich, daß ihr jeder Atemzug geschuldet ist – daß man sie für das Glück halten muß. Sie hält sich selbst sprachlos, darum hält man sie für das Glück. Man muß die Ihren nur einmal anreden, um sich davon zu überzeugen: sie kennen nichts mehr an Wörtern als welche für das Glück und für das Unglück, sobald sie von sich reden, verfallen sie ins vollendete Schluchzen.

Völker, die dumm aus der Wäsche ihrer Vorgeschichte gucken – das sind natürlich nicht die, denen ein Glück aufgeschwatzt wurde, sondern jene, die sich ihr Unglück abschwatzen ließen.

Ein Volk im Unglück bringt die Geduld für sich auf, die man sonst nur einzelnen Verunglückten zuteil werden läßt. Noch eine Generation vererbter Misere, und so ein Volk bringt seinem Unglück *Interesse* entgegen.

Völker, unbeweglich und ratlos im Glück – das sind die geschichtlichen Völker, die vorgeschichtlichen rieten zu nichts und verschwanden im Unglück.

Das Unglück mancher Völker, das uns glücklicheren zunächst heftiges Wohlwollen entlockt hat, kann uns nur noch zum Mitleid reizen; wir haben gelernt, in diesem Unglück das eigene zu sehen.

Einsamkeit ist nicht der Schmerz dieses Volkes. Seine Einsamkeit zu erhalten, schmerzt dieses Volk. Wer soviel tun muß für sich, gerät unter die Schmerzensreichen.

Man weiß nicht, was man von diesem Unglück und von diesem Volk halten soll, aber man sieht, wie da geteilt und verbunden wird: Das junge Volk vermag nicht länger von einem anderen Volk zu leben, sondern nur noch von einem alten, es lebt fortan von dem Unglück seiner Vorfahren.

Die finstersten Zeiten erweisen sich als erträglich, wenn sie sich wiederholen; sie müssen erträglich sein, würden sie sich sonst wiederholen? Man bedauert Völker, die von einmaligem Unglück geschluckt wurden, man bestaunt die Unvergleichlichkeit ihres Unglücks.

Fast immer hat das Unglück bessere Manieren als das Glück, es stellt sich weniger prahlerisch, weniger herablassend, weniger plumpfüßig ein als dieses, und es verläßt einen auch nicht gleich für immer, auf ein kleines Zeichen von Verstimmtheit hin.

Man wirft einen tiefen Blick in die Gesichter all der Unglücklichen und gewinnt ein solches Verständnis ihres Unglücks, daß man ihm keine Vermehrung bringt. Keine Ausbreitung, keine Zerstreuung der Misere ängstigt mehr, man ist bereit, sich den Unglücklichen zu verbinden.

Warum sollten nicht einmal auch die glücklichen Völker Mitgefühl erweckt haben, die Völker, geschwollen oder gebeult vom Glück, verformt von den schnellwachsenden Beulen des Glücks, glücklich verwachsen über den Narben und Kerben des Unglücks …

Zuerst hielt man das Grauen für einen Hintergrund, vor dem alle Einzeldinge ihre Farbe bekämen. Dann bemerkte man, daß es sich aus lauter grausen Einzelheiten zusammensetzte. Hatte man die lange genug ins Auge gefaßt, dann war man empfindlich genug für das Licht, das hier und da zwischen ihnen austrat.

Eine Reihe von Unglücken zwingt zu wählen, welches die meiste Aufmerksamkeit verdiene, und sie zwingt zur Demut gegen jedes einzelne der aufgeschobenen Desaster; eine Anzahl Glück läßt in der Auswahl jede Würde zerbröckeln, sie macht böse und unzufrieden und übermütig. Das Wüten dessen, dem mehreres Glück zugeschickt wurde und der wählen und verwerfen muß.

Großartiger als der Gedanke, ein unerwünschtes Leben zurückzugeben, ist das Gefühl, ein ungefragt aufblühendes Glück zu zertrampeln. Man kann viel Kränkung heimzahlen, heimschicken mit solcher Trampelei. Das Unvorhergesehene kränkt am meisten. Darum will man ihm einen Platz zuweisen. Das kann man nur durch seine Zerstörung. Die Götter stehen ratlos vor diesem Fall.

Nichts hat mehr Unglück über die Welt, mehr Geschichte über die Völker gebracht als unzureichende Übersicht der Arten des Unglücks. Für jedes Unglück steht ein größeres bereit zu seiner Heilung, es ist vom selben Schlage und aus derselben Richtung. Man weiß nichts davon und murkst an einem respektablen Unglück mit irgendeinem kleinen, blassen, fernverwandten

Übelchen herum, bis das größere Unglück jeden Respekt und jede Heilsgeduld verliert.

Die Launen des Schicksals zeigen sich nicht in seiner Unentrinnbarkeit, sondern in seiner Unzuverlässigkeit. Manchen Völkern versetzt es täglich und noch bis in die letzten Tage hinein Backenstreiche, andere erhielten die Form ihres Unglücks durch einen Schlag, zerschmettert stehen und dauern sie.

Wenn euch weniges glücklich macht, dann macht euch weniges unglücklich.

Es gibt kein gestundetes Glück. Es gibt gestundetes Unglück.

Man soll das Unglück suchen, bevor es einen gefunden hat.

Das Unglück der Völker, eine Hülle so eng wie das Wetter, das man aus der Ferne einer täglichen Frage erträgt.

Welches Volk war schon seines Unglücks würdig?

Unglück findet in der Wortwelt nicht statt, aber kein Unglück kommt aus ohne die Worte.

Das Unglück macht uns gleich, indem es uns vereinzelt. Nun weißt du, was Unglück ist.

Die Trivialität beleidigt am Unglück mehr als am Glück.

Daß einen selbst das Unglück unverändert läßt, bezeichnet vielleicht die Vollständigkeit des Verlusts.

Wenn euch weniges glücklich macht, dann macht euch vieles unglücklich.

Die Neugier vertreibt alles, selbst das Unglück.

Eines leiden die unglücklichen Völker jedenfalls nicht: die Furcht der leidlosen.

Für sein Unglück arbeiten und es nicht bloß säen und ernten – erst das wäre Verdienst, Selbstgewinn, Anspruch auf ein unverdientes Glück.

Das Unglück schraubt unsere Ansprüche an den Humor unerträglich hoch. Das Verlangen des Unglücklichen nach großartigen Witzen.

Von einer gewissen Art Unglück befreit, wenn man sich nicht dafür interessiert – wenn man sich für etwas anderes interessiert als für dieses Unglück. Leider interessiert man sich für das, was unglücklich macht.

Um deinen Nächsten kleinzukriegen, mußt du dich nicht für seine Leiden, sondern für seine Freuden interessieren, mußt Verständnis zeigen für das, was er braucht und was er bekommt.

Man hat noch nicht alle Kapazitäten des Unglücks entdeckt. Das Glück sammelt und verschwindet. Es verändert seine Leute. Wer das Unglück anzieht, der verbreitet es auch. Im Unglück sein heißt: im Mittelpunkt stehen.

Wenn man sich still verhielte, dann blühte einem die Einsicht, was ein Ausbruch ist. Zu dieser Einsicht gehört Unwissenheit darüber, woher der Ausbruch käme, ob von einem selbst, ob aus der fremden Bewegung.

Eine Art von Unglück, dessen plötzliche Ankunft genauso verstört wie sein plötzliches Verschwinden. Die Schwermut beim Auftauchen der Anmut, die Schwermut beim Erinnern der Mongolenstürme.

Völker, die gelernt haben, ihre Melancholien zu fürchten, sind ewige Völker: sie sehen kommen, was nicht von ihnen abhängt, und sie kennen es doch von früher und sich selbst; sie sind älter als das Künftige, sie empfinden frischer als die kommenden Völker.

Wenn man von einem großen, einem einmaligen Unglück hört, dann muß man an die Völker denken, die von ihrem Unglück wiederholt angetroffen werden – die ein wiederholtes Unglück trifft. Man hält sie natürlich für welche, die vom größten Unglück verschont wurden. Man hält sie für überlebendige oder nachlebensfähige Völker, gemacht für ein endloses Unglück. So kleine und so vielgezählte Völker, daß sie das groß in seinem Unglück stehende Volk umgeben und nur von Zeit zu Zeit, nur dann und wann, nur hin und wieder getroffen werden können von den Schlägen, die ein großes, unglückliches Volk austeilt. Hat dieses, mit dem einmaligen Unglück, nicht einmal ausgelitten? So versteht sich im Unglück aber Einmaligkeit nicht. Das eine und einzige Unglück ist einem Volke das, was ihm jederzeit anhaftet, ganz gleich, wann es eintrifft; zu solchem Unglück gehört, daß sein Volk es um Weltalter überleben kann.

Die Völker, wenn davon was übrigbleibt, werden nicht nach Unglück winseln, sondern nach einem Quentchen Angst. Nicht irgendein Glücksgefühl, Glück-Besitzen und -Begreifen und -Begaffen bildete den Völkerfrevel. Mit dem Versprechen des Glücks wurden doch die Völker erst in die Geschichte gelockt! Die Glückssuche war nicht gottfern. Weil jegliches Unglück immer nur nach und nach gestopft wurde mit Vorsorge und Nachbereitung, mauserte sich die Abwesenheit des Glücks zur gottgleichen Erfahrung, zur Langeweile, einem respektablen Ziel der Geschichte. Mit der Angst verhält es sich anders: sie ist dem Leben nötiger als das Unglück. Wenn schon erdteildeckende Völker ohne Angst sind, dann wird selbst ein Ausbleiben der Langeweile zur Erfahrung, zum Schwindel. Ein angstloses Dasein ist ein Schwindel, in dem alles von einem selbst abhängt (Bestimmung der Wahrheit, auf die man seine Lügen bauen muß). Die Langeweile der Völker ohne Unglück war kein Schwindel. Es war sichtbar, was hier zuviel war an Erfüllung oder zuwenig an Bedürfnis; höchstens zum Abwägen und Auslegen verführte die Langeweile. Aber die angstbestohlenen, angstbefreiten Völker haben nichts zu erwägen; wer sich nicht fürchtet, muß nichts mehr verstehen.

Das Unglück, das eine Familie inmitten eines Volkes, das ein Volk unter Völkern treffen kann, hat nichts gemein mit den Unglücken des Einzelnen. Diese sind furchtbar gerade durch ihre Verbindlichkeit, man ahnt oder sieht sie kommen, man muß ihnen die Stirn oder die Hand bieten. Dagegen wird man die Ankündigung eines Unglücks, das ein Volk, eine Familie treffen soll, nie ganz ernstnehmen, selbst in der kleinsten Familie vergeht einem doch nicht der Sinn für Proportion und Wahrscheinlichkeit. Was wäre ein treffgenaues Familien- oder Volksunglück anderes als eine Erde, die Familie oder Volk unter sich begräbt – so etwas kann man dann gleich »Zukunft« oder »Verallgemeinerung« oder »das Ende« nennen. Das völkische und familiäre Unglück geht anders vor, nämlich um die Seinen herum, es bildet selige Inseln, die es unterflutet und umströmt. Von Gnaden des Unglücks zu leben, nicht von Unglück getroffen zu sein wie alles neben und unter einem, das zeigt die Seligkeit eines Volkes, einer Familie in ihrer wahren, eben unglücklichen Gestalt: ganz hilflos auf den Tränenflüssen und Blutlachen der anderen treibend, die vielleicht einen ungeheuren Zusammenhang bilden, für den »Gegenwart« und »Unglück« ungeeignete Vokabeln sind, abgeschnitten sein von der kleinsten Hoffnung auf fremdes Glück, ganz und gar Fang des Unglücks sein.

Schlägt das Unglück zu, indem es die Seinen verschlingt oder festnagelt, dann zeigt es sich zugleich; es ist dann wieder der Wurm im Fleische, der Pfahl in der Stirne der dafür Ausgewählten. Sie erkennen an ihrem Unglück, was Glück war: ein kleines, begrenztes, von allen Seiten gehegtes Unglück, eine treibende Insel im Meer der Langeweile, etwas, das sein kann, aber nicht sein muß und deshalb sein soll.

Man bringt kaum Mitgefühl auf für die dauerhaft geprüften Völker, die mit den greisen Kindergesichtern. Anscheinend fehlt ihnen jener Reichtum an Hilflosigkeit, der mehr als die eigenen Eltern bei der Stange hält. Man müßte bewundern, wie das Kind mit dem Erwachsenen, wie Hilflosigkeit mit Schmerzpräzision geht. Zumindest müßte man es bemerken, wie man es an sich selbst bemerkt.

Das Unleidlichste am Unglück ist, wie es zu guter Laune verpflichtet. Da lacht man sich ins Fäustchen beim Anblick der Völker, die einem seit zwei, drei Jahrhunderten vorwegtanzen müssen.

Aus Volk und Raum

Das Gefühl, daß nichts zu sagen sei, ist der Einsamkeit direkt entgegen, es spricht von der Überfüllung der Welt.

Es hat nichts zu schaffen mit Anfang und Ende, ob das Nötige in seiner Fülle oder in seinem Mangel auftritt.

Man fürchtet den Verlust dessen, was einem nicht zusteht. Am wütendsten verteidigt man das Seine da, wo man nicht mehr sagen kann, welchem Raub man es verdankt.

Man versteht draußen nicht, warum wir uns mit Pfählen umstellt haben und drinnen nicht zerfließen wollen vor Jämmerlichkeit. Man sieht zuviel von uns, ein Mangel der Umstellung.

Man kann nicht vom Unnötigen, nicht zur Ruhe kommen, selbst in diesem leeren Raum nicht; immer ist da noch zuviel, zum Beispiel dieser Raum.

Eine diebische Freude an Sonne, Mond, Erde, die sichtlich nicht für den Menschen gemacht sind, von denen er aber Brot und Licht abschneiden kann: eine Freude früher, in ihrer Frühe aber altgewordener Völker. Die Unschuld des Kapitals, wo es noch stehlen und sich unbeobachtet fühlen darf, wo es schon Eigentum fand und noch keinen Besitzer sieht.

Du schwitzt in der Überwindung von Gebirgskämmen, läufst dir Blasen durch wechselnde Landschaften, erschütterst deine Gelenke in den Mühen des Abstiegs, hast die Hände wundgescheuert an Wanderkrücken. Unbewohnte Räume nutzen dich ab. Für einen Augenblick gibst du deinen Beschwerden nach und hauchst sie als leichtfertigen Seufzer dahin, da werden Berge und Felder menschengestaltig und treten mit dir ins unterbrochene Gespräch, du atmest durch, verschließt die sprechende Wunde in deinem Gesicht und ziehst weiter durch stumme Landschaft.

Für die Verzweiflung ist unabdingbar die Verläßlichkeit. Man muß sicher sein, daß man nicht überallhin gehen kann. Am besten verzweifelt man daheim.

Zwei hintere Völker schlagen aufeinander. Wir gehen nicht dazwischen. Wollen sie besser dran sein als wir? Sie sollen herkommen zu uns.

Von Heimatlosen kann nur Schlechtes kommen, nur Schlechtes kann kommen von welchen, die wissen, was Heimat ist, weil andere eine haben – alles Schlechte von der Welt.

Es gibt keine Entferntheit, die – wo nur überlebensgroß genug – nicht zu Mitgefühl für die Entfernten führen würde. Zwischen der Erde und dem Mond spielen die wahren Gefühle.

Manche Völker, nicht anders als manche Frauen, würde es kränken, wenn man es in einem Raum aushielte mit ihnen.

All das Wohnortwechseln – ein geschichtliches Volk steht ratlos vor solchen Äffereien seines Altertums.

Jedes größere Gefühl macht die Welt weit, also leer; wer noch Augen hat, sieht das Gedränge am Horizont, sieht, wie sich alles zusammendrängt.

Wenn Langeweile ein Gefühl wäre und nicht der Boden aller Gefühle, dann wäre sie schlechtes Gewissen. Die höchste Bewegtheit bei wesentlicher Unverrückbarkeit ist das Gefühl, nichts zu benötigen. Auf Reisen hat man das schlechte Gewissen, und man hat es daheim. Deshalb ist man frei zu reisen.

Eine Nation hat das Nötigste beisammen, da mausert sie sich zum Entdeckervolk. Dessen Ausfahrten sind von dem menschenfreundlichsten Gleichmut bestimmt: sehen, was man nicht benötigt. Und solches Anreisevolk war über den Meeren noch nicht gesehen! Es beginnt damit, daß die Ausfahrer nichts zu tauschen haben. Die eingeborenen Industrien stehen dumm da und vollhändig mit ihren Überschüssen. Die Ausfahrer lassen sich auch nicht beschenken. Auf ihren schnellen Booten ziehen sie an den Landvölkern, den Inselbewohnern vorbei, regungslos, nur hin und wieder einen Bissen Gedörrtes von einer Backe in die andere schiebend. In ihren Köpfen wächst derweil die Weltkarte des Unnötigen, selbst nutzlos und daher liebster Besitz der Ausfahrernation. Eine Weltkugel, gefüllt mit Entbehrlichkeiten, steht in jedem Kinderzimmer beim selbstbegnügten Volk.

Freier Blick übers Land, alles, was feindlich ist, läßt sich absehen, ist im Unscharfen, die Freunde legen sich in Kreisen aus in klaren Abständen. Jetzt eine Familie gründen können!

Es gibt fast kein Unglück, dem man sich nicht entziehen könnte. Das ist ja das Bild des Unglücks: der viele leere Raum, den man niemals allzugleich wird ausfüllen können.

Alles durchsehen, was man nicht benötigt und, Ärmster der Armen, der freien, der befreiten Welt Einlaß gewähren.

Ein Land, in dem die Menschen immer nur auf andere Menschen stoßen, so wie in andern Ländern Gebirge auf Felder, Felder auf Flüsse …

Weltgefängnis

Im Gefängnis bist du, ein Stück Welt. Es gibt nichts, wozu du nicht Welt sagen lerntest im Gefängnis.

Wer immer irgendwo allein ist mit sich, der wird einen Charakter entwickeln. Vielleicht ist die Welt eine Charakterschule, vielleicht ist sie wirklich jene Zelle.

Die Schwermut kann durch Wohnlichkeit langweilen, an die Trauer fesselt das Mobiliar eines Hauses, das man nicht mehr betreten wird.

Man lügt nicht weniger als ein Tier, aber man würde keine Metaphern brauchen als ein Tier. »Gefangen wie ein Tier« – ein Lügenbild, so groß, daß es sich nur vom Menschen machen läßt.

Wer eingesperrt ist, entwickelt Charakter; im Gefängnis entwickelt man Charakter. Aber, da aus Zellen, weiß man nicht, ob es Einzel-, ob es Volkscharakter war.

Es wäre Übertreibung zu sagen, daß man in einem Käfig lebe, auch nur sitze. Wenn man sich erhebt, erhebt sich ja auch der Käfig. Man hat – Gitter hin, Gitter her – Kopf und Arme und Beine frei, man kann sich hierhin und dorthin wenden. Was, bitte, verlangt man von einem Käfig?

Ein Gefängnis, das du jederzeit verlassen kannst. Nicht nur tagweise, sondern lebenslang. Nicht einmal zum Ende wird Einkehr von dir verlangt. Und wer drin wohnt, kann Haftverlängerung verlangen noch und noch, jederzeit. Zahlungsfrei, tatenlos, auf den Kredit seines bösen Willens hin.
Zum anderen eine Welt, die nach allen Seiten frei ist, du darin ohne deine Schuld, ohne deinen Willen, mit der Nase hier- oder dorthin. Eine Welt, in der fast nichts als Menschen sind, die darin den allerbeweglichsten Besitz bilden. Gefangenschaften, die dich jeden Moment hinterrücks anfallen oder ein Leben lang verschonen können. Dein Wert oder dein Unwert, dein Talent oder dein Untalent zur Sklaverei. Deine Bewährung oder deine Entwährung. Du kannst, sklavisch, tun und lassen, keine Kette drückt dir den Knöchel, Gefängnisse sind unbekannt.
Du wählst.

AUS WELT UND RAUM

Ungedecktheit der Vertriebenen. Obszönität der Heimatlosen. Weltläufigkeit der Verhältnisse.

Ungewollte Nähe und gewollte Entferntheit überwinden die Welt.

Wir sind in keiner bevorzugten Gegend geboren. Wo andere ihre Heimat haben, gibt es für uns eine Gelegenheit.

Souverän ist, wer verzichten kann. Durch die Verlassenheit der Welt klingt ein Machtspruch.

Man versteht eine »schöne Landschaft«, wenn man sie mit etwas Bösem füllen will, man versteht, wofür ihre Leere freihält.

Das Entfernte wird genähert, und längst vergessenes Gefühlskraut schießt empor; Eifersucht findet überall ferne Freunde; man muß gewärtigen, daß einem der Mann im Mond die Hörner aufsetzt, die man sich aus anderen Kontinenten klaglos zuwachsen ließe.

Daran, wie sich das fremde Volk in das eigene verbissen hat, merkt man, daß es um was Wertvolles, was Leichtverderbliches, Unteilbares geht. Nichts also, das jedem angedeihen könnte. Das, worin das Gebiß der Fremden steckt, das eigene Fleisch und Gut, ist denen so zugeteilt, wie es einem selbst zugeteilt war. Das verzeiht man den Fremdvölkischen am wenigsten. Deshalb kämpft man gegen sie.

Die Freundlosigkeit räumt die Erde gründlicher als die Lieblosigkeit. Von den mißratenen Freundschaften, nicht von den glücklosen Liebschaften kommt das raumgreifende Unglück. Der Liebeskranke, später dann Liebestote bleibt, was er auch gesund und lebendig geblieben wäre: immer bei sich, er legt seine Hand immer nur an sich, tut alles für sich und das Seine. Aber soviel unheilsreicher als zugestoßenes Unglück ist die Unfähigkeit zur Freundschaft, daß der Freundlose sich am Schluß selbst entfernen muß, nachdem er, etwa als Völkerverschlinger, ganze Familien zerkauen durfte.

Aus Zeit und Welt

Was man auch auf die Welt bringt – man hatte es dort schon verloren.

Wer sich um die Mitwelt drückt, den überkommt die Nachwelt.

Mit freundlichem Schweigen empfängt einen das neue Weltalter.

An den Jahreswechseln kann man das Grauen lernen vor dem, was nebenher lebt – was Jahrzehnt und Jahrhundert wechseln wird mit einem.

Die Eigensucht der Vorfahren besteht in der Art und Weise, wie sie ihre Schuld mit sich nehmen, wie sie nichts übriglassen für die Nachkommen, wie sie die Nachkommen zwingen, es ihnen gleichzutun.

Mit der besseren Kenntnis der Frühzeiten verblaßt das Gefühl, für den Ruf ihrer Bewohner irgendwie verantwortlich zu sein, und so verblaßt auch das Gefühl, das Wohl ferner Völker hinge irgendwie mit dem eigenen zusammen. Die eigene Ausbreitung macht vergeßlich, man vergißt die Zeiten und Völker, eines nach dem anderen, die Ausbreitung der Völker und Zeiten macht gleichmütig.

Das Frevelhafte der Neugier ist, sich seinen kleinen Kreis zu erleuchten, nicht, sich im Dunkel von Welt und Zeit zu verlieren. Frevelhaft ist die Entfernung von dem, was neben einem lebt, das ist zugleich die unerlaubte Annäherung, Zudringlichkeit gegen Göttliches. Die frevelhafte Neugier ist nicht die forschende, sondern die fragende, sie hält sich an Mitlebendes, aus der Rippe oder Nachgewachsenes, eine Neugier, die nur zerstört und von dieser ersten Zerstörung forttreibt dahin, wo des Zerstörens kein Ende mehr ist, weil sich nichts fragen läßt.

Es gibt ein böses Gewissensgefühl, sich nach Ende eines Krieges, der Pest, eines getrennten Exils heil wiederzusehen. Das gilt selbst für das Wiedersehen im neuen Jahr. Man hat das Gefühl, dem Schöpfer Mühe gemacht zu haben, ohne daß anderes vollbracht wurde, als eine Welt im Kalender zu überführen.

OHNMACHT, ÜBERMACHT. WELTMACHT, ALLMACHT

In der Abhängigkeit blüht das Glück. Abhängig sein, das heißt verblühen, ehe das Unglück Blüten treibt.

Jemand, von dem man abhängt, wird keine Macht über einen gewinnen.

Wer gegen Übermacht anrennt, d.h. sie unterläuft, der bleibt ihr unerkannt.

Souverän ist, wer nicht Partei ergreift.

Die Arroganz besiegt den Stolz, denn sie schämt sich nicht.

Bedürftigkeit kann groß und eindeutig denken, sie spricht dann als Befehl.

Man kann die Macht nicht erniedrigen. Sie, die alles verringert, verringert auch sich selbst.

Ohnmacht ist ein so mächtiges Gefühl, daß man denken möchte, alle Gefühle seien von ihm abhängig.

Je mehr Worte einer weiß, desto mehr wird er machen müssen. Das wußte die Macht, als sie beim Gestammel blieb.

Der Anblick schwerer Rüstung besänftigt ein stolzes Gemüt sofort, wie überall, wo die Macht sich zeigen muß und nicht einfach nur herrscht.

Man hat schon viel erreicht, wenn alle Veränderung sich vor einem abmühen muß, da draußen, nackt und bloß. Man hat die Macht, das nicht aufzuhalten. Dann zwingt einen die Macht noch, mitzumachen an ihrer Unveränderlichkeit. Was mehr kann man wollen?

Wenn man irgendwo durchaus nicht dazugehören will, dann muß man sich nur zugehörig zeigen, dem Ganzen eine Last werden, die es bei erster Gelegenheit abwirft. Vor der Belästigung versagen die großen Mächte.

Warum sucht man die Abhängigkeit, warum findet man sie nicht? Weil man zeigen will, daß man ruhigen Gemüts fremde Nähe erträgt, weil man zeigen will, daß man sich einer Macht auch unverhaßt zugehörig fühlt. Welche Macht müßte da nicht widerstehen?

Die Nähe der Macht, das heißt das Gefühl der Ohnmacht, hat noch immer Kitsch und Schwulst ferngehalten: der Ohnmächtige weiß, daß zwischen ihn und die Macht kein Bild paßt, und auch die Macht weiß es.

Wüßte die Macht, welche Wollust sie ihren Opfern kurz nach der Übernahme verschafft – sie würde zweifeln, ob sie selbst vom Weibe sei.

Ahnte die Macht, wie die Ihren zur Welt gekommen waren – sie würde nicht länger von dieser Welt sein wollen.

Hätten die Menschen schon innerhalb der ersten Umzäunung begonnen, die Macht anzubeten, dann hätte sich ihnen das Bild eines hilflosen Gottes geboten; die Menschen wären von Gott verlassen und Gott ähnlich auf immer.

In ihrem guten Schlaf erweist die Macht ihre Übermacht. Alles, was man gegen die Macht unternimmt, kommt von ihr, denn das Schlafende kommt nicht aus ohne das Wachende ringsum. Man müßte die Macht, das Vergeßlichste, vergessen können. Das kann man sowenig, wie sich den Schlaf befehlen.

Anbetungswürdig ist Rücknahme, nicht Vollendung.

Man betet an, was sich nicht um einen kümmert. Die Macht beeindruckt, wenn sie vermehrt auftritt. Sich balgende, zausende Mächte, die nebenbei die Unterwelt, die Menschenwelt zertrampeln – sie beeindrucken, sind anbetungswürdig. Ein einsamer Gott, der nichts zu tun hat als zu erwählen und zu verfolgen, ist von Lächerlichkeit bedroht. Deshalb will er ja angebetet sein.

In Gegenwart der Macht gerät jeder Gedanke an etwas anderes zu einer Erniedrigung, jeder Gedanke an sich selbst erniedrigt.

Die Macht, die herunterdrückt, durch Überbietung unterfordern. Wenn sie die Instrumente zeigt, kommt einem der Gedanke. Mit der Macht spielen, das wäre: ihr zuvorkommen.

Macht, die da liegt, zu ergreifen und auszuüben, das ist so plump und rührend wie Musik einzulassen, wenn sie es nicht fordert.

Neugier aus Schwäche. Die Macht ist gleichgültig ums Geschwächte.

Die dümmste Macht findet eine noch dümmere Ohnmacht, die ihr widersteht.

Allmacht ist: jedes vergessen machen, ist nicht: alles erinnern können. Das wäre bloß Übermacht, Überwältigung.

Die Anmut der Macht, die verlegen ist über dem ersten Frevel, der ihr gelang. Ihr rasches Zutrauen in die eigene Kraft, ihr stolzer, alleszertretender Gang.

Die Dummheit der herrschenden Macht, ihre Vergeßlichkeit; all die Ohnmächtigen, deren Widerspruch sie zu ihrer Erhaltung eingesetzt hat, zu ihrem Gedächtnis.

Entkräftet verläßt man das ziellose Zwiegespräch, das Schweigen ist, und beginnt zu sprechen. Wenn die großen Mächte zu reden anfangen, sind sie bereits so schwach gewesen wie nur jemand, der allein reden und hören und aushalten muß.

Was die Welt mächtig überzieht und sie dann ganz bedeckt, ist nicht mehr zu unterscheiden von der Erdoberfläche. Die Großmacht ist nicht mehr sichtbar für die Welt und nicht sichtbar vor der Welt, sie ist zu gut für die Welt, sie verliert in der Welt.

Die Allmacht, anders als die bloße Übermacht, herrscht und zwingt unterschiedslos; sie verliert nicht durch die Freiheit, die sie schenkt; nur die Allmacht vermag Freiheit zu schenken. Die Allmacht hat es nicht nötig, einem diese Freiheit zu schenken, in der man »ja« sagen muß zu ihr; sie hängt in nichts zusammen mit dieser geschenkten Freiheit; die Freiheit ist unerklärlich. Deshalb widerspricht man ja allen Übermächten, deshalb erklärt man sich ja für die Allmacht.

Was einen für das Unglück einnehmen könnte, das ist die Gewißheit, daß es nie Weltmacht sein wird, nie alles umfassen kann und folglich Freiheiten läßt, im Unterschied zur tückischen Bescheidenheit des Glücks, das immer nur von Gegenwart wispert und darin punktgenau gleichwie universell zu sein versteht.

Die Macht, gegen die man meint mucken zu müssen, hat einen geschaffen. Der Schaffensstil der Macht ist: sich nicht immer abmühen müssen am Gemachten. Auch an sich selber findet sie so ihre Ruhe. Die Macht erhält sich durch solche, die ihr widersprechen. Der erste Widerspruch dieser Geschöpfe war, von der Macht geschaffen zu sein. Als sie dann da waren, widersprachen sie eine Weile nicht. Das eben ist Machtübung: in der Zustimmung und im Widerspruch des Gemachten zu sein.

Die Machtübungslust, fremdartigen Geschöpfen zu einem Wohle zu verhelfen, von dem sie bloß wußten, daß es existierte ... Eine Versuchung, wie alles, was im Namen der Freundschaft geschieht. Darüber steht, seine Freunde in ein Verderben rennen zu lassen, das man besser kennt und leidet als sie, ihnen die Jämmerlichkeiten des Wohlergehens zu ersparen.

Die Macht, die einen abhängig halten wird und noch nicht hält, sendet sich immer genügend Warnzeichen voraus: die Gleichgültigkeit, selbst den Widerwillen, den zunächst ihre Schönheit einflößt, ehe man sich ihr aus Unachtsamkeit, aus Gewohnheit unterwirft. Leichtfertigkeit und Gewohnheit halten die Machtspieler zusammen.

In Gegenwart der Macht entstehen dem Machtlosen alle möglichen Regungen, vom Jauchzen der Anbetung bis zum Bewinseln empfangener Schläge. All das wäre pure Erniedrigung, doch die Macht sorgt auch dafür, daß nichts von diesen Regungen verlautet, zu ihr dringt, sie deckt alles zu. Man ahnt nicht, was man vermochte, bis man in die Nähe der Macht geriet, man vermag auf einmal zu schenken, ohne sich zu verausgaben (Lob der Macht), zu horten, ohne zu zerplatzen (Furcht der Macht); je weniger man noch meint, eigene Laute produzieren zu müssen, desto ähnlicher wird man der Macht. Sie war ja schon vor einem da, bedurfte nicht des Jubels und Geschreis um sich, sie besteht neben ihren Auslauten. So besteht man aber, in der Macht-Nähe stumm geworden, auch. Die Stummheit der Ohnmächtigen, deren jeglicher Laut ein erfüllter Wunsch der Macht ist, kann sich nicht anders anfühlen als die Fülle der Macht, man war seit Urzeiten eben das: stumm und regungslos, das erste Wort war der Anruf der Macht, die ließ bitten, man ging hin, und da ist man immer noch.

Selbstverständlich denkt niemand daran, sich von der Macht zu befreien. Von solchen Wünschen werden Machthungrige geplagt, solche, die sich immer nur verschlucken und erbrechen. Die Macht ist aber, was zum Bleiben bestimmt war, wie der Mensch, der satt werden will. Wen der Hunger nicht drücken soll, den wird zuweilen die Macht drücken. Dieses Drücken kann so regelmäßig werden, daß es als Nachbild eines Hungergefühls durchgehen mag, dann träumt man von Beseitigung der Macht. Sich vom Schlimmsten loshelfen, sich befreien nennt man das. Aber so weit muß man nicht gehen. Wodurch läßt einen denn die Macht hungrig werden und gleichzeitig das natürliche Bedürfnis mißachten? Durch ihre Schönheit. Ihr Anblick zeigt einem, daß man die Macht nicht beseitigen muß, um sich von ihren Wirkungen, etwa dem Hunger, zu befreien. In ihrer Schönheit ist die Macht der Welt, einer hungrigen Welt preisgegeben. Immer sieht man von ihr mehr, als sie von sich sieht, so wie man auch stets mehr von ihr spricht, vor ihr hungert, an sie denkt, als die Macht spürt und denkt. In ihrer Schönheit ist die Macht zu treffen, ohne daß man sie vernichten müßte. Man kann ihren Platz in der Welt verschieben, ohne ihn auszuräumen. Die Anbetung ihrer Schönheit hat die Macht noch immer in Verlegenheit gebracht. In solchem Preisen und Beten fahren alle fort, denen ihr Leben so lieb ist wie das der Macht. Man muß früh aufstehen für die Anbetung der Macht. Schön und verschlafen, mit gestammelten Morgengrüßen und -befehlen, steht sie in ihrer ganzen Pracht. Selber ausgeruht, schlägt man ihr von allen Seiten mit Lob entgegen, bis sie sich die Augen reibt und etwas von ihrer Schönheit bemerkt; inzwischen ist man aber mit sämtlichen Kräften der Anbetung herangerückt und schallt der Morgenschönen tausendfachen Lobpreis entgegen; bald torkelt sie, tausend Hände fangen sie auf und stoßen sie hierhin und dorthin.

Die Seltenheit, mit der sich einem die Macht persönlich zeigt, erhebt jede Erniedrigung zu einer unvergeßlichen Episode, das so Seltene ist deshalb aber auch auf eine typische Weise gefährdet. Der Erniedrigte wendet sein augenblickliches Glück über den Anblick einer Macht, die ihn unmittelbarer Darbietungen sonst für unwürdig hält, in Dankbarkeit gegenüber jener Macht; jeder, der zuunterst ist, der Gras frißt und Staub atmet, hat diesen starken Sinn für Persönlichkeiten. Ihm geschieht alles in einem Moment höchstpersönlicher Peinigung, in dem vorlaufende Erinnerungsfreude und freudiger Schrecken zusammentreffen. Hier sind auch Dankbarkeit und Persönlichkeitssinn auf gefährliche Weise vermischt, wie folgt: Der von Hand ins Angesicht

Geschlagene hält diese Hand fest, um sie zu küssen, seine Dankbarkeit hindert die Macht, sich ins Unpersönliche zurückzuziehen und dort ihre Arbeit zu verrichten; im Gefühl ergangener Geschenke, und seien's auch, wie der Anbetende glaubt, unverdienter, gerät der selbstgenügsame Charakter aller herrschenden Mächte in schiefes Licht, irgendwann hält der persönlich Gepeinigte die Pein für Strafe, also Verdienst, und es bilden sich ihm Verhältnisse ein, die allein die Macht mit sich selbst unterhält. Nicht genug damit – die so angetragene Macht trifft überall auf erwartungsgeschwollene Gesichter, sie weiß nicht mehr wohin schlagen, da wird sie friedlich und bloße Garantiemacht fürs Volk, etwas, das für Sicherheiten gehalten und täglich gefüttert werden will. Von solcher Zugänglichkeit ermutigt, merkt man bald, daß man es mit einer ruhiggestellten Macht zu tun hat, einer Macht, die am liebsten keinen Fuß mehr vors Haus setzen will, um einen zu treten. Lauter falsche, unangemessene Kategorien! Die Macht, so wie man sie gern ertrug, war niemals stumm, sie pflegte das Selbstgespräch, alles, was sie sagte, war unverständlich, nur ihre Befehle und Beschimpfungen verstand man. Das ist lange vorbei. Eine wunderbare Symmetrie herrschte: Man wußte, daß für solche Ausfälle aus ihrem Sprechen, aus besonderen Anlässen, für besonders Beherrschte, die Macht deren Sprache gelernt (oder mit Gewalt am Leben gehalten) hatte, die Volkssprache, die Sprache fürs Fluchen, Beschimpfen, Befehlen – all das, woran ein Volk seine Beherrscher erkennt und erinnert.

Die Beleidigungen, die Erniedrigungen, welche einem die Macht in ihren großzügigen Augenblicken zuteil werden läßt, wecken den Sinn fürs Menschenwürdige. Die kleinste Erinnerung an solch unwürdige Lagen lenkt ein Leben lang hin auf ihre Verursacherin, in der man das menschlich Angemessene vermutet und findet. Angemessen ist dem Menschen, was ihn betrifft und wogegen er nichts vermag. Das ist nicht viel, und das zeigt sich nicht oft. Menschlich wird man an etwas, das nicht menschlich ist; eine Menschlichkeit, die vom andern Menschen fließt, ist menschenunwürdig, wenn vielleicht auch menschengemäß. Was den Menschen unbedingt angeht und was ihm trotzdem nicht gleichgültig ist, das kommt von der Macht, es ist darin wie das Glück. Das Glück kommt nicht vom Menschen, wenn es ihn trifft. So blind, so ohne Koketterie schlägt die Macht um sich, in ihren guten Momenten; man liebt sie dafür, daß sie niemals an ihr Opfer denkt und es doch errät. Noch unter ihrem Stiefel, noch vor ihrer knutenknabbernden Ratlosigkeit ahnt man eine Anmut, von der menschliche Anmut borgt.

Noch das Knacken der eigenen Knochen im Ohr, kennt und liebt man ihre Scheu, ihre Vorliebe für die großen, verlegenen Lösungen, die den Menschen achten und nicht schonen.

AUS VOLK UND WELT

Welches Volk ist schon für diese Welt geschaffen …

Die vielen, verworfenen Welten wären der Schrecken. Die eine, erwählte Welt ist der Schrecken.

Wenn es leer geworden ist in der leidlosen, in der Endhälfte der Welt, erregt noch die einsamste Kopfgeburt eine Angst vor Überfüllung; die entleerten Völker empfinden das Vergebliche aller Neuzugänge, das Fürchterliche aller Neuerungen.

Eine Welt, randvoll gefüllt mit Völkern, die Schreckliches tun, ohne schrecklich sein zu können, eine Welt, über der selbst ihr Schöpfer nur noch schrecklich gut werden kann.

Demut vor der unbelebten, nichtmenschlichen Welt, nicht anders als Verachtung einer anderen Welt … alles so lassen, wie es ist.

Wenn sich die Temperatur der Welt nicht wesentlich ändert, dann werden die kalten Völker und Familien die haltbarsten sein, wie alles, das sich nicht mehr abkühlt. Das Kalte ist das Bleibende.

Ob das Unglück dieser Welt vom Gleichgültigen kommt, von seinem Zuschauen, das weiß man nicht. Man weiß nicht, wie die Welt beschaffen ist, die einer bloß sieht und nichts weiter. Doch ein oder zwei Dinge weiß man genau. Das Immergleiche, das sich Gleichgeltenlassen von Tag zu Tag ist kein Schaden, aber die Gleichgültigkeiten, aufeinander getrieben, die ergeben einen Schaden.

Leute, die früh das Nötige vollbrachten und so ein deutlich längeres Nachleben gewannen … In diesem Haltung zu bewahren, d.h. nicht in sogenannte Daseinslust, in Macherfreude zu verfallen, galt bis zur Allgemeinheit der Langeweile viel.

Wenn ein Weltbewohner den Einfall hätte, menschlich sein zu wollen, dann müßte er zunächst solche Unmengen an Gleichgültigkeit aufwenden für alles Menschengleichgültige, daß es ihn unmenschlich anstrengen würde.

Zwischen Menschen, also in der bis jetzt bekannten, der »sozialen Welt«, gibt es eigentlich keine Wahrnehmung, zumindest nicht für die Sinne. Wenn das Menschliche nach etwas riecht, nach etwas schmeckt, dann hat man es irgendwo in der Naturgeschichte angetroffen, in einer Geschichte der Blüte, Verwesung oder auch nur des Kannibalismus.

Das Planetensystem und der Menschenalltag führen einem vor, wie Bewegung ohne Berührung möglich sei. Dennoch gibt es die Forderung, das Gleichgültige solle einander was verdanken. Dennoch gibt es den Versuch, die Kräfte sichtbar zu machen.

Wenn man in der Mitte bleibt, sich ganz still verhält, keinen Ausfall wagt, dann ist man verantwortlich für eine Welt.

Völker, die nicht bloß von diesem und jenem, sondern von allem weniger haben möchten, Völker der Verschleuderung, Ausstöße der Völker-, der Weltökonomie.

Die Gewißheit, daß es zum Himmel überall stinkt, bewirkt eine heilsame Abkehr von der Abkehr, niemand flieht die Erde, keiner flieht in ihr, alles wendet das Antlitz direkt zum Himmel.

Immer gab es Völker, die ihre Überlegenheit der Sprache nicht in Einsamkeit ausmünzten, die statt dessen roh genug waren, Kultur oder Handel oder Krieg anzufangen mit der Welt …

Zu viele Augen beschränken einem die Blickfreiheit, verengen das Feld des Sichtbaren; überzählige Ohren erweitern den Hörraum ins Endlose, so daß sich jeder Ton verliert. Ausdehnung und Zusammenzug sind leicht gemacht: man geht in sich und geht ein in die Fernen.

Was man nicht kaufen kann, das gibt kein Erbarmen ein. Man haßt oder langweilt sich in der Welt, der unverkäuflichen.

Ein weites Herz und eine weite Welt haben, wo sie zusammentrafen, noch stets Zustände der Verstopfung erzeugt.

Daß man mit dem Menschen nicht zurechtkommt, läßt sich schlichter ausdrücken als durch weltweiten Einsatz.

Man ist nicht stärker eins mit seiner Umgebung, als wo man sie tauscht.

Bei allem, was man tut, denkt man an sich, aber eben nur an einen kleinen Teil von sich, der größere wird durch die Welt mitgeschleift und richtet die bekannten Verwüstungen an.

Man kommt mit einem gewissen Besitz zur Welt, verliert – vielleicht aus Unachtsamkeit – einen Teil davon und lernt, das Verbliebene periodisch zu erneuern. Ärmer wird man nicht. Weil das so ist, hält man sein Gerettetes für die Ausstattung, die einem verliehen wurde für diese Welt.

Die *Erscheinung* des Erlösers kann man sich in einer restlos überfüllten oder einer restlos leergeräumten Welt vorstellen, als ein Einschneiden oder als ein Aufgehen des Lichts.

Handel, Austausch, Nehmen und Bestohlenwerden begründeten diese Geschichte. Wer davon unberührt blieb, hat keine. Kann man auf der Stelle altern?

Wie der Fortschritt, so wird auch das Versagen prinzipiell. Es beherrscht ein Gebiet, aus dem man nicht mehr vertrieben werden kann, weil niemand eines aus freien Stücken aufsucht. Man ist hier unfrei wie im Fortschreiten.

Aussterbende Völker

Untergänge erscheinen uneingeladen. Aber die sie bringen, fühlen sich eingeladen. Mit Recht fühlen sie so. Sie haben die Regeln nicht gemacht, nach denen man an ihnen verdirbt. Untergänge gehen auf Einladungen zurück.

Ein erster Schritt aus der Zeit und in die Freiheit, wenn die Sterbenden nach ihren Müttern rufen statt nach ihren Kindern.

Die Befreiung des Schlafs von allen Ängsten und Hoffnungen, wenn er nicht mehr der Schlaf zur Arbeit ist; die Aussichtslosigkeit des Schlafs.

Ein Volk, das so verschwenderisch mit der Zeit umgeht, daß es ausgestorben ist, ehe es dafür gestraft werden kann.

Lieber verdirbt man eigenhändig und bei Bewußtsein. Wenn man all das Gute, das man erfuhr, nur geträumt hätte, würde es einen vollends verderben: Daß ein Traum solche Gewalt antun kann!

Ein todmüdes Volk stirbt nicht daheim, es geht in die Fremde, zu andern Völkern. Es lebt, weil es sich beobachtet fühlt, es wird ihnen keine Scherereien machen, es tut sich keine Gewalt an in der Fremde.

Es gibt Völker, die den Verfall nicht kennen, die nicht einmal den Zerfall fürchten müssen – Völker, die bei anderen ein- und ausgehen. Was liegt solchen Völkern näher, als in den Furchtlosen den Zerfalls-, den Verfallsgrund selbst zu sehen?

Der Frieden, die Erlösung bestände in einer schrittweisen Räumung aller bewohnten Erdflächen, unmerklich, das gehörte zur Friedlichkeit der Lösung. Völkerwürger und am Ende der große Weltenrichter würden niemanden mehr antreffen, die Bosheit und die Gerechtigkeit würden zusammensinken in sich.

Es fällt schwer, unter einem Volk zu leben, das keine oder zu genaue Vorstellungen seines Endes besitzt. Es wäre Stumpfheit eines Volkes, sich für ewig zu halten wie die Natur, durch Naturgewachsenheit eben. Oder es wären Stumpfheit seine allzu großen Fähigkeiten, das Ende aller Völker vorweg zu denken: als ein natürliches Ende, als Erdende. In gewisser Weise handelt es sich immer um dasselbe Volk, das in Endferne und Erdnähe die andern quält: durch die Stumpfheit, Grauäugigkeit seines Nichts-als-sich-selbst-Einsehens; durch die Helle und Leere seines fernen, punktgenauen Blicks, seines Von-sich-Absehens.

Glücklich und ungestört lebt ein Volk aus. Dieses Bild bietet sich so selten, daß es längst aus dem Geschichts- ins Konstrukteursressort gewandert ist oder ins poetische Fach: dort klebt und stückelt man all die unvollendeten

Geschichten, die Traumreste von welchen, die sanft entschlummern wollten und wachgerüttelt wurden. Viel falsches Bedauern ist da noch: Man hat sich so sehr daran gewöhnt, den freien Gang eines Volkes seine Geschichte zu nennen, daß man die Eigenmächtigkeit der Nationen verkennt, die alle Kraft in ihr Verharren und Verkümmern setzten. Als ob nicht die Anstrengung, sich gleich zu bleiben, niemandem in die Quere zu kommen und in seinem Niedergang die Umwelt an kleinsten Fädchen mitzureißen – als ob all das nicht noch größere Anstrengung wäre als ein simples, weltgeschichtliches Sichaufführen! Nicht einmal den Titel von Völkern, die Urlaub machen von der Geschichte, gönnt man solchen Ein- und Einzelgängern! Aus all dem spricht doch wohl eine Ahnung, was man an ihnen hat. Sie sind wie der schillernde Schaum, der duftende Tang an den großen Meeren, die an die Wüstenländer schlagen, alles schleppt sich von innen herbei, um das eigene Dasein an den Erträgen fremden Verwesens zu ziehen; die modernden Völker lassen sich von der Geschichte auswerfen, damit die andern keine haben müssen.

Unter den blasphemischen Bildern erheitert keines das Herz so sehr wie das einer entvölkerten, an Nachwuchs unlustig gewordenen Welt, auf der sich ein verspätet eintreffender Weltenrichter die Augen reibt. Man kann sich nun noch ausmalen, wie so ein Nachzügler von der Paarungsunlust seiner Geschöpfe schon vorm festgesetzten Weltende Wind bekommt, sie mit Versprechungen und Vorschüssen auf den jüngsten Tag hinzuhalten versucht, das geringste Aufschnaufen ihrer Lust aneinander päppelt und heiligt.

Das vom Aussterben bedrohte Volk findet keine Gnade mehr vor den Familien, auch die Junggesellen beginnen sich von ihm abzuwenden. In seiner Not verfällt es auf den rettenden Einfall: Es greift auf seine Jungfrauen zurück, läßt sie schwängern und stützen auf Gemeinkosten. Was für eine Wendung der Dinge! Denen die Kinder des Volkes das Fremdeste sind, die halten sich das fremde Kindsvolk mit Pflichtgefühl dicht beim Leibe und von der Seele. Sie bleiben den Anvertrauten ihr Leben lang treu. Das ganze Volk lebt ein Jungfrauen-Alter länger als es sollte.

Die sterbenden Völker haben vor Augen, was nach ihnen kommt: Volk, das nur noch seine Provinz kennt und die Welt.

Ein Volk am Ende

Selbstmörderisch ist der unmittelbare Durchschuß eines Stolzes, der es nicht erträgt, unter kränkenden Umständen noch eine Atmung, eine Verdauung usw. leisten zu müssen. Was eben noch kreiste, gefriert vor Scham und reißt das Innere nach draußen. Im Sonnenstillstand, in der Hitze liegen die Völker träge und sinnen der eisigen Hektik nach, in der sie sich beinahe von ihren Grundlagen getrennt hätten, in der sie ein Eigenleben führten, heftige Bewegung, unter den Füßen das Unabänderliche, Aufgegebene.

Selbstmörderisch, phantastisch ist die Vorstellung, der eigene Körper, das Tag-und-Nacht-Tier selbst sei die Lüge, täuschend sei alles, was zuverlässig ist, was arbeitet und nichts als arbeitet. Zur Arbeit gehen will man aber nicht mehr, wer dorthin geht, stellt seinen Körper vor, er lügt und will, daß man ihm zuhöre. Das Arbeiten ist so öffentlich wie das Atmen, das den Selbstmörder eine Unverschämtheit dünkt.

Selbstmörderisch ist die Scham bei der Entdeckung, daß man im Raum ist, ihn den andern dadurch beschränkt, daß man verortbar ist, gerade in dem Moment, als man sich mit seinem Selbsthaß ins Grenzenlose aufmachen wollte.

Beherrschte Völker

Es gibt nichts, das wir übertreffen müßten. Da uns alles beherrscht, müssen wir nicht mehr herrschen wollen. Mit gefalteten Händen sehen wir der Herrschaft zu, die sich an unserer Erhaltung und Zernichtung müht.

Die Macht, die ein Volk übt, wo es sich nicht von der Stelle bewegt und die andern bei sich vorsprechen läßt, der Minderwert der Völker, die sprechen müssen ohne Unterlaß ... vor einem schweigenden oder murmelnden oder grunzenden Volkskörper.

Der Gedanke, daß ein Volk nicht zu beherrschen sei, kann ein anderes beruhigen. Doch bleibt kein Volk lange auf der Höhe dieser Einsicht. Aus Unachtsamkeit vernarrt es sich in ein anderes, aus Bequemlichkeit unterwirft es das andere, aus Gewohnheit fängt es an zu herrschen und zu altern mit dem anderen. Dieses herrschende Alter ist eines, das nichts in seiner Zeit läßt. Aus Gewohnheit geschehen die schlimmen Dinge unter den Gewöhnlichen.

Es gibt nichts, worum man seine Feinde nicht bitten würde. Das zeigt zur Genüge, welchen Respekt sie verdienen.

IN GESELLSCHAFT

Gute Gesellschaft ist, was für Einsamkeiten vorbereitet. Vorbereitet, nicht: reif macht.

Wie kann man jemanden ernstnehmen, der von sich spricht?

Eifersüchtig macht fremde Einsamkeit, nicht fremde Gesellschaft.

Persönlichkeit ist, was ganz eingehen kann, ohne daß ein Ganzes eingeht.

Man hält sich für ungewöhnlich, wenn man einsam der Gewohnheit folgt.

Höflichkeit ist Mangel des Talents, sich allein zu fühlen. Der Einsame ist von Natur unhöflich.

Aus zwei Einsamkeiten ist noch nie etwas Gutes geflossen, sowenig wie aus zwei Erleuchtungen.

Die Einsamkeit wird gewöhnlich wie die Gesellschaft.

Das Schicksal wirft mit Einsamkeit um sich, als wär's Schleuderware.

Einsam sind alle, aber das Mitleiden macht jene einsam, denen man damit zuvorkommt.

Der Kummer, in der Einsamkeit tropfenweise eingenommen, hält einen in Gesellschaft auf dem Laufenden.

Man geht in Gesellschaft, weil einen die Einsamkeit alt gemacht hat; auf Stunden erholt man sich von den kurzweiligen Jahren.

Womit man zu tun hat, das sind Raubtiere, langweilige Raubtiere, aber doch Raubtiere.

Alles Unglück kommt aus den Worten, in denen es nicht bleiben kann.

Jedes Wort reißt eine Wunde ins gottverliehene Schweigen, und was ganz blutig dahingeht wie ein rohes Fleisch, das nennt man die menschliche Rede.

Es gibt keine Stille, in die man nicht mit einem Grunzen eintreten müßte oder doch wenigstens mit einem Seufzen.

Seine Abhängigkeit kennen heißt, nicht mit ihr allein sein wollen, heißt, die Gesellschaft der Abhängigkeiten suchen.

Gute Manieren, in Worten: Man soll nicht ungefragt schweigen.

Man fragt interessiert, wo man nicht uninteressiert antworten will.

Schließlich kennt man auch die letzte Geschichte, die jemand von sich zu erzählen hat, und er ist einem so fremd wie zuvor.

Den wunderbaren Gleichmut erreichen, in der Geschichten möglich werden, den Gleichmut, in dem man nicht nur bei den andern ausharrt, sondern ihnen zu nahe kommen will.

Die Einsamkeit ist dem Zusammenleben ihrer Einwohner förderlich; wer käme in Wüsten auf die Idee, sich über Gebühr mit dem Nebenmann zu beschäftigen?

In der Entbehrlichkeit füreinander liegt ein Schatz, der nur zu oft gehoben wird. Es sind die teuren Gleichgültigkeiten, die man ins Gespräch verstrickt.

Unter den Ohrenleiden kann das Zuhören ein so unausstehliches werden, daß man dem Schwätzer das Wort entziehen und einem andern erteilen will, um nur den Moment des Wortwechsels zu atmen.

Passion – für den andern lügen, Vertrautheit – für den andern schweigen.

Man muß entschlossen sein und doch wählerisch. Aus der Freude stammt das Verkaufsgespräch.

Ihr Unkraut umstellt deine Wüste von allen Seiten.

Freisinn, das wäre Entferntheit, nicht Entfernung.

Ihre Rede ist nicht Ja oder Nein, sondern Reden oder Schweigen.

Das Schweigen der Völker kann freundlich sein oder haßerfüllt. Man erinnert sich nicht mehr, wer es gebrochen hat.

Wie's Befinden ... Es gibt Obszönitäten, die muß man andauernd aussprechen, damit ihre Sache nicht eintritt oder aus.

Ein Gespräch, in dem jeder von den anderen spräche statt von sich ... man begreift das Zartgefühl der Macht, die alles übertönt.

Der Idee, daß Gesprech irgendwie zum Menschlichen, gar zum gehäuft Menschlichen, zur Gesellschaft gehöre, entspricht keine Erfahrung; es gibt nur das Wissen um vergangene Gespräche und die Erfahrung begegnender Stummheit.

Ich will nicht nur gefragt keine Meinung haben, sondern auch ungefragt.

Was ist die Neugier – Armut? Reichtum? Sie macht die Armen ärmer und die Reichen reicher. Sie ist nichts, weiter.

Es gibt kein Verständnis zwischen den geschichtsbewegenden Klassen – zwischen denen, die selbst reden und denen, die zum Reden gebracht werden.

Wenn alles lügt, und wenn alles nur voneinander spricht, dann ist es sogar in der Gegenwart auszuhalten. Wahrscheinlich war das die Idee des Gesprächs.

Befehlstöne und Wahrheitslaute, vernehmbar im Stehen und im Liegen. Gelogen wird im Sitzen. Der gewinkelte Körper taugt nicht zur Wahrheit, wenn er zu nichts anderem taugt.

Die Dummköpfe ermüden am meisten dadurch, daß sie in Gesellschaft auftreten – daß sie einen zwingen, keinen von ihnen zu übersehen – daß sie einen zwingen zu tun, als hätten sie keinen Charakter.

Es gibt eine Gesellschaft und unzählbare Einsamkeiten. Was wechselt, ist also die Einsamkeit. Die Mehrzahl, der Wandel der Einsamkeit macht, daß man Gesellschaft für die Wahrheit hält.

Vereinigungen sollen Einsamkeiten in allen Einzelheiten erträglicher machen, also erhalten; für ihre gute Absicht erträgt man die Vereinigungen.

Hält man sich zwei, damit immer einer verfügbar bleibe, oder hält man sich zwei, damit nicht einer über einen verfüge?

Wer viel gibt, nimmt viel; wer wenig nimmt, gibt wenig; nur in Gesellschaft ist das anders, in Gesellschaft der anderen.

Einen Menschen, der immerzu vom Menschen spricht, wird man ansehen wie eine Frau, die niemals austrägt.

Nichts ist kränkender, als die Sache zu kennen und auf das Wort warten zu müssen, schon für den Einzelnen; nun aber erst die Kränkung in einer Gesellschaft, die sich in der Sache einig weiß.

Mit den anderen hat man Gesichter, in der Einsamkeit hat man nur eines. Die anderen lernen es kennen, wenn man es nicht mehr wechselt.

In die Gesellschaft findet man durch den Willen, eine ursprüngliche Kränkung wettzumachen, beispielsweise die Kränkung, geboren zu sein; was man in Gesellschaft tut, dazu steht und geht man, jeder schläft für sich allein.

Jemand läßt, in Gesellschaft, etwas wie das Wort Zukunft fallen, alles schaut zu Boden. Das Wort wird aufgenommen und fällt erneut, da regt sich nach und nach in den Gesellschaftern der Gedanke. Es ist überall derselbe: Wenn wir nicht mehr da sind, wer wird dann unsere Haushalte auflösen?

In der Stille zu weinen, zu bluten, ist das aufrichtiger? Falsch gefragt ist das. Wovon man nichts weiß, das ist Ausfluß von Aufrichtigkeit. Die Träne, der

Blutstropfen darf keine Sekunde alt sein, die Natur selbst muß sich gestört fühlen von dem, das hier fließendwarme Zuwendung verlangt.

Der Zwang, von dem zu sprechen, was nicht da ist, hat diesem mehr Gegenwart verschafft, als ihm von Rechts wegen zukäme; das Gerede, das wir vor fremden Ohren über die Gesellschaft entfalten, ließ sie immer wieder zusammenkommen.

Man handelt und tauscht ein Leben zwischen denen über einem und denen neben einem. Man gibt, was man den andern nimmt, und man nimmt, was man den einen gibt. Nun denke dir ein Leben, wo du zwischen Nebenmenschen und Oberwelt nicht verhandeln mußt. Wäre das Freiheit?

Wiederholung, die nicht langweilt. Immer dasselbe Schweigen.

Die Unbelehrtheit, Ungeeignetheit der kalten Menschen für den Abstand.

Endlich wieder heizen müssen, von der Erdwärme ab den Füßen aufwärts berührt werden ...

Die deutsche Wintersonne, nicht allzufrüh vorm Fenster, die Möglichkeit, jederzeit zu heizen, die Kapazitäten eines Teekessels – all die begründeten Aussichten auf eine Enthobenheit, wie sie ein Volk empfinden kann, das seinen Raum freiwillig bewohnt und verläßt.

Der Winter schont unsere Gesundheit, er erspart uns alle Misanthropien aus unverdienter Helligkeit; in einem ferngeheizten Zimmer verspürt unsere Einsamkeit wohlig die Zahl ihrer Abhängigkeiten.

Unsere Beschreibungen etwa von Kälte sind voller Lauterkeit. Wir haben keine Freude an Erfrierungen. Wir beschreiben, z.B., nicht jenen Frost, der uns an seiner Beschreibung hindert, wenn er unsre Hirne starr und unsre Finger steif werden läßt. Was wir beschreiben, sind fremde Erfrierungen, Erfrierungsgeschicke. Kann man denn daran Freude haben, klirrt denn darin Unlauterkeit?

Die Winterkälte rechtfertigt alles, was im Warmen stattfindet. Aber nun die Vorstellung, sich etwas Kaltes hereingeholt zu haben, etwas zudem, das sich ausbreitet – die Vorstellung, aus der Wärme vertrieben zu werden, vom Kalten ins Kalte …

Die großen Utopisten sind von fast abnormem Drang nach Gründlichkeit beherrscht, es ist der Drang ihres Denkens, nichts ungedacht zu lassen. Selbst eine Gesellschaft von lauter Glücklichen, die einander in Zuneigung verbunden sind, paßte in solch gründliches Gehirn.

Von den zwei Erniedrigungen des Menschen – daß er nichts sein soll, wo er etwas ist; daß er etwas sein soll, wo er nichts ist – kann nur die zweite Mitgefühl erwecken, und, wie alles echte Mitgefühl, Freigebigkeit des Hasses gegen die Macht, die derart erniedrigt. Mensch und Gott bringen das nicht fertig, gemeinsam, was in Gesellschaft spielend gelingt.

Sich erhalten, d.h. alles selbst tun müssen. Aber man tut nur, was man tun muß. Für sich selbst täte man gar nichts. Also tut man alles, was man tut, für andere. Also kommt alles, was für einen getan werden muß, von anderen. Vergesellschafteter kann man nicht leben.

Andere, Alle

Die andern sehen das Ganze, im Ganzen sieht man bloß die andern.

Von den andern sprechen und sich plötzlich von allen verstanden wissen.

Das Ich ist hassenswert – wo es sich zeigt, wo es sich entzieht; bei den andern, bei sich selbst.

Die Momente, wo es die leichteste Sache scheint, den Nächsten aufzugeben, ja sogar, mit ihm weiterzuleben.

Wenn alle immerzu bei allen wären, dann würde man überhaupt nichts mehr von den andern hören.

Man will hinaus in das Leben, das alle führen, und findet das Leben der anderen.

Wenn die Einsamkeit eine Krankheit ist, dann wegen ihrer Abweichung von etwas, dem sie fehlt; man kann nicht sagen, woran sie fehlt.

Abwägen, wem man mehr fehlen wird, sich selbst oder den *andern*, das ist eine solche Plackerei, daß man versteht und gut tut, es wie *alle* zu machen.

Abwägen, was von allen fehlen darf, das mutet an wie der Vorsatz, Unglück und Höflichkeit zu vereinen, oder Unglück und Maß, oder Unglück und Gewissen.

Jemanden als Zweck zu setzen – es verbietet sich schon deshalb, weil man jemand anders als Mittel nötig hätte.

Alles zeigen, alles verbergen – gewiß doch! Schon weil man nicht alles selbst zeigt. Was man herausrückt von sich, das zerdrückt den ungezeigten Rest, draußen. Was wäre da noch zu verbergen?

Entbehrlich ist, wer kann, was nicht jeder kann, denn unentbehrlich ist allein, was man nicht können muß; entbehrlich ist der Unersetzbare.

Man benötigt einen Bruchteil dessen, was ein Mensch ist. An diesem Bruchteil hängt der ganze Mensch. Man gibt die Hoffnung nicht auf, auch der Rest werde wem nötig sein.

Den mittleren Weg offenbar verpaßt: Teil sein und ein Ganzes vorstellen dürfen.

Wenn man nicht vollauf mit sich selbst beschäftigt wäre, dann würde man neidblaß vor dem Glück, das andere an einem erleben.

Wie ernst es einer meint mit seinem Mitgefühl, das sieht man an dessen Entfernung zur christlichen Tugend. Der Mitfühlsame kennt sich und verabscheut, was er kennt. Die andern will er nicht kennen.

Es will keiner mehr wachen für den andern: nicht ihn ermatten lassen, nicht für ihn ermatten.

Im Gähnen, im Verhauchen entgeht einem der Moment des Einverstandenseins mit sich, mit dem eigenen Ende, also mit dem, wie einen die andern sehen.

Der Schritt zurück zur anfänglichen Trägheit ist fast immer ein Schritt zurück zum guten Betragen. Man quält sich gegenseitig, statt sich länger selbst zu quälen in der Hoffnung, auch der andere werde das irgendwann tun für einen.

Jede Freiheit von der lieben, der unbewohnten Natur ist erkauft durch Abhängigkeit von Mitbewohnern. Jede Abhängigkeit von den Lieben da draußen macht frei von den Daheimgebliebenen. Natürlich oder mitmenschlich, so geht es zu.

Jeder Schmarotzerstamm nährt sich vom Verschwiegenen. Es gibt Schmarotzer, die sich von andern Schmarotzern nähren, denen entgeht, wovon sich alles Parasitäre nährt: von etwas, das nicht Parasit ist. Es gibt Parasiten, die diesem Nonparasitum direkt zugewandt sind, sie verleugnen ihre Mitschmarotzer.

Unsere Reife, vielleicht unsere Verwestheit ist: das, was uns abhängig hielt, am Leben zu halten. Wir haben die Abhängigkeit erlebt und ihr Verschwinden, d.h. die Abhängigkeit von uns selbst, wir haben das Dasein im Gegenüber und in der Gesamtheit ertragen. Jetzt tragen wir eine Gesamtheit von Gegenübergetretenen, wir sind damit so frei, uns bei einem fremden Volk zu halten oder dieses bei uns.

Der Hochmut besteht nicht darin, daß man sich über die andern stellt, denn man denkt über sie nach. Der Hochmut besteht darin, daß man sich unter die andern denkt, dort sucht und erhoben findet.

Man will leben wie die anderen, und man lebt wie alle.

Man sieht die Vorder- oder die Rückseite der Dinge, weil man selbst Vorder- oder Rückseite ist.

Du bist der Welt ähnlicher, als du denkst.

Wenn du die Welt nicht ansiehst, siehst du aus wie die Welt.

Dein Volk ist alles, was du nicht bist, wo du nicht in ihm bist.

Nenne es Schmutz oder Grund, dein Volk wird sein, worüber du gehst, wenn du es verläßt.

DER ALTE MENSCH

Der alte Mensch kann sich dem Ganzen gegenüber denken, aus dem er genäht ist. Der neue Mensch kleidet jedes Gegenüber ganz ein.

DAS ALTE REICH

Manche Völker sehen die Reiche immer nur untergehen.

Die Neuzeit besteht aus Ereignissen, zu denen sich keine Meinung, und aus Meinungen, zu denen sich kein Ereignis finden läßt.

Zur Treue gegen das Alte verleitet einen nicht nur jene Trägheit, die nicht mehr mit einer neuen Geschichte laufen will, sondern auch jene Trägheit, die nicht wieder die alten Geschichten erzählen will und noch eine mehr.

Ein gutes Gedächtnis entwürdigt vor den Lebenden und vor den Toten.

Sprich mit jemandem über seine Zeit, und du wirst ihn dort nicht antreffen.

Unvernunft ist eine historische Kategorie. Der geschichtlich Gekränkte fühlt sich nie unvernünftig behandelt.

Das Alte Reich: Je mehr Zeit vergeht, desto unglaublicher erscheint einem, daß es entstehen konnte, und noch unglaublicher, daß es unterging.

AUS VOLK UND FAMILIE

Die Familien gehen, die fremden Völker kommen.

Schlußstellung. Familienkitsch gegen Freiheitskitsch.

Der Krieg der Familien deckt den Frieden der Völker.

Volk, nicht anders als Familie, stirbt an denen, die dazugehören wollen.

Auflösungen? Aufstände? Man hat einander zuviel angetan, als daß eine Heilung das ausdrücken könnte.

Völker gibt es, von denen fühlen sich alle andern verstanden, es gibt Familien wie Familienlose, deren Überdruß an allem ein ganzes Volk mit Zutrauen erfüllt.

Die Höhe einer Kultur, nicht anders als der Fallgrund eines Menschen, errechnet sich aus der Anzahl der Stufen, die ihrem freiwilligen Ende voranstehen.

Die Aufführung der Völker gegeneinander gewinnt ihren Charme durch das, was keinen Adressaten erkennen läßt – durch das, was es mit der Einführung der Familien gemeinsam hat.

Es gibt kein tieferes Verstehen als die Furcht. In der Furcht voreinander bewahren Völker und Familien das Verständnis, mit dem die Gottesfurcht nicht mehr rechnen konnte.

Welche Poesie zieht ein Mensch, ein Volk aus: unglücklicher Liebe, anhaltender Kränkung, drohender Invasion! Vom Mitmenschen bis zum Nachbarvolk – nichts, das nicht zum Singen brächte! Nur das Elend der Familie, das Singen mit verstellten Stimmen, bleibt unbesungen.

Es ist nicht so, daß ein Volk einfach kommt und geht, aufgeht und abtritt. So sind nur Weltgeschichten, niemand ist ihr Zeuge. Was kommt, ist der Name eines Volkes, was abtritt, ist ein Volk, das man benannte. Es ist kein Auf- und Untergang, eher ein Verschwinden der Familienähnlichkeit, in einer größeren Familie.

Sich ohne Not für etwas begeistern, einem Volksvertreter, einem Familienoberhaupt Nettigkeiten sagen, von einem Volk, einer Familie ungefragt Gutes reden – das wirkt so verhängnisvoll wie die Langeweile, unter der man ein Volk, eine Familie begräbt. Nur die Not erfüllt mit Begeisterung.

Die Familie, Hindernis der Direktverbindung zur Welt, verhilft allen Bewegungen dort erst zu Schönheit und Sichtbarkeit. Ganz gleich, ob man sich so eine Zwischenwelt zusammenzeugt oder nicht – die einzige noch freie Bewegung eines Einzelnen gewinnt plötzlich alle Reize eines Schauspiels. Es reizt die Vorstellung, sich die Welt zu schaffen, aus der man verschwindet, es reizt die Vorstellung, nirgendwohin zu verschwinden und eine ganze Welt mitzureißen.

Der Ernst, den man sich zukommen läßt und den man nicht zeigen kann, verzerrt die Züge des Charakters zu einem Grinsen. Daseinsernst nennt man das, sein Ausdruck ist die Anstrengung, ihn zu verbergen. Völker und Familien erben diese Anstrengung und leiden aneinander mit schiefem Lächeln. Die Begradigung ihres Humors zu einem friedlichen, umgänglichen, gleichgültigen Ernst– sie tastet die Gesichter nicht an.

Wie kam das Familienglück zu seinem guten Ruf? Vielleicht durch das Elend umher, das sich Glück nennen darf, weil man keinen Namen dafür fand.

Jeder, der sich hinabläßt in den Familienabgrund, hofft, daraus nicht wiederaufsteigen zu müssen, hofft, den Status des Gebeins anzunehmen, das er da liegen und von steilen Wänden umfriedet sieht: reines, unbeeindrucktes, veränderungsloses Sein, entfallen aller Darstellung. Aber das Gebein begrünt sich, nimmt Glanz und Gewebe und Fleisch an, und zuletzt steht da ein ausgewachsenes Familienvolk in der Tiefe und macht die bekannten, unbegreiflichen Bewegungen ins Himmelhohe.

Der gewisse Morast, den ein Familienleben braucht, erzeugt? Eine Nährsubstanz, ein Ausstoß? Kultur ist freilich das Kreisen im Morast, ihre Bewegung das Immer-wieder-Ausfegen und -Aufwischen. Dazu die ernste Überzeugung, es handle sich jedesmal um anderen Schmutz ... dessen mögliche Häufung in weltwinkelweiten Abfall-Lagern, der endlose Fortgang dorthin ... kurz: Fortschritt.

Die unverschämte Neugier, die man fremden Völkern und Familien entgegenbringt, ist zarteste Jasage zu dem, was das eigene Volk, die eigene Familie ist, es ist bescheidenste Gewißheit ewigen Lebens aus heimgesponnener Langeweile.

Einer, der seinem Schöpfer oder seinen Eltern oder seiner Frau viel Freude gemacht hat mit seiner Einfügsamkeit und der sich darum etwas wünschen darf. Er wünscht, daß alles so bleibe, wie es ist, und sieht die Staubkörner, in die sich sein Gott und sein Volk und sein Haus zerlegen.

Die den Rücken frei haben wollen, in der Welt die Stille für das Rumoren der Familie. Aber die Welt schert sich nicht um Vorder- und Rückseiten.

Kein Volk haßt mehr das andere. Selbst in den Familien ist Ruhe. Jeden Augenblick kann eines übers andere herfallen. Kein Stück Feindschaft hält entfernt.

Am harmlosesten und am schrecklichsten sind die Völker und Familien, die stolz sind auf das, was neben ihnen bestehen kann, die ihre Nachkommen ausführen oder ihre Geschichte.

Man haßt die Abwesenden und liebt die Anwesenden in der Zuneigung; man haßt die Anwesenden und liebt die Abwesenden in der Abneigung; man rechnet nicht mit der Nächstenliebe und dem Völkerhaß.

Es gibt eine Unschuld schlafender Völker, die reizt, sie mit Geschichte zu bedecken. Diesen Wunsch wird eine schlafende Familie niemals erwecken, sie ist nur die schlafende Schuld, die aufgehaltene Bewegung.

Man hat Arbeit, Freunde, Familie verloren, wird ganz leicht und ist doch so angestrengt, daß einem der Schweiß perlt an diesem letzten Tag. Wie schwer muß der erste gewesen sein!

Müdigkeit ist nicht Wolke, sondern Lehm, ein Kitt, der alles zusammenhält. Die ruhenden Paare, die schlafenden Völker gerieten auseinander oder ins Gedränge ohne sie.

Mäßigung im Nationalen wirkt wie Aufrichtigkeit im Erotischen – unbedingt lächerlich.

Wer einer Familie den Tod bringt, der stirbt nicht daran.

Die Völker, die Familien unterscheiden sich danach, ob sie maultot wurden vom Haß oder von der Freundlichkeit.

Von der Sorge um sich befreien: Kirche, Kinder, Krankheit. Ein gesundes Volk hat fast alles zu fürchten.

Man verdient nur, wessen man nicht bedarf. Deshalb ist sowenig Einheit auf Verdienst gegründet. Deshalb ist soviel Verdienst in Familie, Arbeit und Vaterland.

Das Geschlecht löst sich von seinem Anblick, die Arbeit wird frei von Verdienst. Aber man erwartet nicht zuviel von der Auflösung.

Man fühlt sich allmächtig, wenn man den ganzen Tag um Brot arbeitet und dann nicht zum andern Menschen geht – allmächtig, wenn man um nichts arbeitet.

Die Benennung dessen, was nicht not tut, kann ein Volk, eine Familie in vollkommener Schwäche zurücklassen; die Überflüsse, täglich ins Auge gefaßt und überschaut, ermatten, dem nichts mangelt.

Aus Volk und Familie: Man greift nach Wörtern, die andern halb aus der Tasche hängen. Es sind angeschmutzte Wörter, sie wurden gebraucht, sie werden nicht mehr benötigt. Man kann sich diese Wörter aber nicht einfach nehmen. Darum läuft man ihren Besitzern hinterher. Man faßt nach dem, was schon unterwegs ist nach unten. Wer zusieht bei diesem Hinterherlaufen und Zufassen, der könnte nicht sagen, ob man vorsichtig sei oder vorwitzig, ob man denen die Wortanhängsel aus der Tasche ziehen oder in die Tasche stopfen wolle.

Wie einer das liebt, was seine Familie ist, und wie einer das liebt, das seine Familie möglich machte, bleibt unverbunden und unverständlich, solange man die Reue nur als einen Mangel kennt, als eine Art von Verspätung und Versehen. Die Reue ist aber ursprünglicher als die Liebe vor der und für die Familie, sie ist das vorauseilende unter den Gefühlen.

Man muß sich die Trägheit, die Schwerfüßigkeit der sogenannten zarten Gefühle vor Augen halten, um den beschwingten Flug phantasierter Gewalttat richtig zu würdigen. Einen Schatz von Aufregung fühlt man in sich, der in alle Richtungen drängen will (und Völker und Familien zurückläßt), man beschließt, ihm eine Richtung zu geben. Die Liebe zu seinen Nächsten und

Nachfolgenden hätte keine. Deshalb wird man grob zu ihnen, läßt sie kommen und geht an ihnen vorbei und hoch hinaus im Gefühl und läßt am Ende alles laufen, weil man es nicht besser wissen, nicht besser lieben kann als am Anfang.

Man sieht es verschiedenen Gesichtern förmlich an, wie sie den Moment herbeisehnen, da Volk oder Familie über ihre anhängenden Körper und Personen verfügen. Wem kein Gefühl dafür beschieden wurde, wie erst mit beginnender Abhängigkeit die ersten Ablösungen den Menschen beschenken, der wird in diesen Gesichtern nichts finden als reine Flächigkeit, gar Leere. Es ist aber die Flachheit des Glücks oder der Gegenwart, die nur besteht und umso reiner, je weniger sie sich irgendwie dazwischen drängen muß, vielmehr ganz und gar an etwas anderem bestehen darf. Erst so ein irgendwo abgeschnittenes Körperchen läßt obenauf ein befreites, blutig blühendes Gesicht aufgehen. Natürlich schleichen sich auch auf einem solchen Gesicht Ausdrücke ein, die von hier nach dort wollen, jene Bewegtheit, die sich selber nicht mehr zur Freude sein kann. Aber *natürlich* ist ja Freiheit auch kein Prozeß, sondern höchstens sein Beginn oder sein Abhub. Mit der Beseelung ist es nicht anders: Seele gewinnt, was nicht mehr über sich verfügen muß. Darum stöbern Seelenlose bei Volk und Familie, sie dringen durch die Gesichter, auf denen alles steht, und finden bloß Beseeltheit, bewegte Körper.

Die Gewißheit, unerwünscht zu sein oder – wie man im Kreis von Volk und Familie sagt – überzählig, könnte die reichste der sozialen Erfahrungen werden. Man läßt es sich allerdings nicht einfallen, eine Gewißheit zur Erfahrung zu machen. Dabei wäre alles so einfach. Das Überzählige müßte nur den Blick wegwenden von dem Kosmos, in dem es nichts zu suchen hat, es müßte sich ein für allemal verkneifen, nach dessen Schründen und Spalten zu schielen. Es müßte sich dem Rätsel seines Nabels zuwenden. Egal, ob es einen fände oder nicht, es hätte mehr vom Kosmos, von Kosmologie verstanden als der Kosmos von ihm. Ein Kosmos, der nicht mehr für alles aufkommen kann, verdient seinen Namen nicht, aber eine überflüssige Welt, die weniger sein will als das, wird mehr sein müssen als alles.

Arbeit und Familie erscheinen gleichzeitig. Der Arbeiter und Familienmann begreift sogleich die Vollständigkeit der Welt. Weil es hier nie an dem einen oder dem anderen gefehlt hat, fragt er nicht nach Ursprüngen. Sicherlich gab es einmal mehr Arbeit zu verrichten, mehr Familie zu ernähren andermal. Aber davon erfuhr man schon in einem Alter, als man nichts dazu beitrug, inmitten der Familie, vor aller Arbeit. Sobald man nichts mehr wissen muß, also etwas tun soll, gehen einem Arbeit und Familie gleichzeitig auf. Aber auch die Gleichzeitigkeit erlebt man nicht. Man erzählt nur davon. Die furchtbare Fatalität, die sich durch die Arbeiterfamilien zieht, versteht sich hieraus. Man kann da nur weitergeben, was man gehört hat, nicht, was einem aufgegangen ist. Deshalb wird in solchen Familien nichts weitergereicht als das Leben und die Arbeit. Die Verschränkung von Arbeit und Familie ist immer bloß Tradition. Man wird dieses Ganzen inne, wo es einem nicht mehr gehört. So geht Arbeiter-, Familiengeschichte. Sowie dem Arbeitsmann und Familienvater die Tradition entgleitet, erfährt er, was es mit Familie und Arbeit auf sich hat, weil er es nicht mehr gleichzeitig erfährt. Täglich macht er diese Erfahrung, sein Leben ist ja Verzicht. Da sieht er also die Welt der Arbeit und spürt sich fremd in ihr, aus der Familie gekommen; da findet er sich also in der Familie und spürt den Blick, von unten, von der Seite, auf das Arbeitsmännische an ihm. Da ist soviel Geschau und Gespür, daß es nicht auszuhalten wäre als Gelegenheitsgeschichte, es muß also eine tägliche Sache sein, eine Morgen-und-Abend-Erfahrung. Wie im Großen, wo jede Wunde nur durch eine andere verdeckt werden kann, so ist es im Kleinen, wo allerdings nur zweierlei, eben Arbeit und Familie, zum wechselseitigen Ersatz bereitsteht. Die ganze Geschichte geht das so. Aber was dem Arbeitsmann-Familienvater geschieht, ist nicht die ganze Geschichte, deshalb kann es ja täglich geschehen. Täglich entkommt er – oft allein – der Familie in die Arbeit, in den Dienst des Allgemeinen, dort dringt aber nur durch, wer nicht nur für sich allein steht; den Erschöpften, Verarbeiteten, d.h. alt und allgemein (wie alle eben) Gewordenen empfängt die eine Familie; so ein Angehöriger einer anderen (gemachten, gearbeiteten) Welt hat seinen erkennbaren Platz, der wird ihm freigehalten, tagsüber, damit er ihn abends wieder ausfüllen kann.

Es gibt kein Geheimnis, keinen Grund dieser fortlaufenden Verwandlung außer der Müdigkeit, der Erschöpfung. Sie ermöglicht, in allmorgendlichem Vergessen, was gestern war, dessen Fortsetzung. Die Wiederholung steht hier im Dienst der Dauer, so wie umgekehrt ein Arbeitsmann dauerhaft den Familienvater vorstellt unterm Arbeitsvolk, das die Arbeitswelt jeden Tag wieder aufleben läßt. Wenn das eine Geschichte sein soll, also selbst ein Gegenstand von Pausen- oder Abendgespräch, dann muß die Gleichzeitigkeit von Arbeit und Familie Geschichte geworden sein. Subjekte der Geschichte würden davon Wind bekommen, aus der einen oder anderen Richtung: es wären die Familien außer aller Arbeit und die Arbeiter ohne alle Familie. Die einen würden sich erinnern, die andern in Erwartung setzen von wer weiß was Vollendetem. Es würde so weitergehen bis ans Ende: Der Arbeits-, der Familienmann wäre nicht mehr Spielball der Erschöpfungen, den sich Arbeit und Familie ein Leben lang, eine Geschichte über zuwerfen, die Familie würde ohne alle Arbeit wuchern oder auch verlöschen, der Arbeiter nicht mehr irgendwohin heimkehren und sich ein für allemal erschöpfen, sein Ende fiele mit dem Ende der Arbeit zusammen. Familie und Arbeit wären leibhaftig gewordene Traditionen, nur ein gütig gewordener Weltenmeister könnte sie weiterleiten. Aber wo es so einen gäbe, hätte sich seine Güte schon in der Trennung von Arbeit und Familie erschöpft, und vielleicht war selbst seine Güte nur diese Schwäche: seine eigene Schöpfung, jene Doppelerscheinung von Familie und Arbeit, weiter auf die Welt fallen zu lassen.

Aus Familien

Immer unzugänglicher wird, wie unsere Eltern zu uns kamen.

Die Ungeborenen brauchen uns nicht, und wir brauchen die Ungeborenen nicht.

Ständige Gegenwart des Menschen, vergönnt nur den Ertaubten und den Berauschten.

Ein Mensch nebenher, das wäre Erschöpfung oder Mut zur Gemeinheit.

Kindern gegenüber ist alles denkbar. Dafür sind Familien.

Jedes Familienleben läßt sich vergiften, wo man an ihm teilnehmen will.

In unsern Nachkommen erfahren wir mehr von der Welt, als wir wissen wollen. Die Familie schützt uns vor der Zukunft, wenn sie steril bleibt. Auch Völkerfamilien schützen sich so.

Eine Familie einrichten, das hieße ja nicht, der Welt widerstehen, sondern die Welt einlassen, ihren Tagen jeden Abend ins Angesicht schauen.

Es gibt diese Besorgtheit *umeinander*, die grundlos ist. Sich umeinander sorgen heißt: nicht in derselben Welt, Anlaß aller Sorgen, zu leben. Grund- und Bodenlosigkeit von Familien, in denen man aneinander denkt …

Wenn das Grunzen und Brüllen der Begierde auch nur entfernt etwas Musikalisches hätten, dann würde es aus der Gleichgültigkeit ein Thema machen und es »zum Glück« nennen.

Man gründet eine Familie, um von der eigenen loszukommen, und stößt auf den Grund der Familie, auf ihren Grundirrtum.

Männerworte und Frauentaten zählen. Gezählt wird alles, was Reihenfolge schafft.

Spengler hat recht, ein Mann mit vielen Kindern ist lächerlich in der Stadt. Aber schon ein Mann ist lächerlich in der Stadt.

Ein Mutterleib macht immer trübselig, sei's beim Gedanken an das, was geht, sei's beim Gedanken an das, was kommt.

Mutter und Vater tun sich im Kind zusammen und erwarten keine Gnade. Hier verläuft die Linie, nicht in der Erwählung des einen oder des andern Kindes.

Es ist unheimlich, in einem Körper, unheimlich, außerhalb eines Körpers bestehen zu müssen. Wem nicht drinnen und draußen alles unheimlich werden soll, der wird auf der Heimlichkeit von Geburt bestehen.

Stolz in der Verliebtheit wäre so absurd wie Familiensinn, der begehrlich ist. Aber die Kränkung drängte nicht nach außen, könnte sich kein Denkmal setzen, das Kind schreit nach innen hier.

Man muß wegschauen können, wenn man eine Familie betrachten will.

Wenn man nachts allein sein darf, erträgt man die Abhängigkeiten des Tages.

Man gibt sich nicht gern weg, wo man sich selbst zuviel ist.

Die Gründung einer Familie ist eine Reduktion, gegen die sich ein Gottesbeweis geradezu läppisch ausnimmt.

Mit schlechter Qualität und mit flinker Auslegung schützt man die Familie, vor der Kunst, vor der Künstelei.

Familie ist nicht die andere Welt, ist überhaupt keine Welt, ist, was zur Welt verdammt, weil es dort keiner aushalten wollte.

Eine Frau, eine richtige

Man hat Weib, Kind und ein kritisches Bewußtsein.

Ihr Schweigen nie ganz vom Brüten unterscheidbar. Sein Schweigen eindeutiger, vom Grabe her wehend.

Eine Frau, eine richtige, von dort, wo Männer und Frauen sich mit feindlichen Blicken messen. Man könnte auch sagen: wo die Geschlechter einander herzlich im Haß verbunden sind. Hier hassen sie sich nicht, hier konkurrieren sie bloß und hassen sich für eine Erinnerung an ihr Geschlecht …

Was wäre anmutiger als ein Egoismus, der den anderen am Leben hält?

Die Frauen schenken uns unter Schmerzen ganze Bündel von Gedankenstoff, von Zehrmasse für unser Denken übers Flüchtige, über dies und das. So sauber, still und in sich gewickelt, ist das Sein etwas, vor dem unsere Flüchtigkeit Haltung annimmt.

Man sieht eine Frau scherzen und weiß, wie sie mit ihrem Kind Ernst machen wird.

Fühlen und nicht hören wollen: Du wirst eine von denen.

Das Leben setzt dem Menschen ein Ende, der Frau eine Frist.

Bevor sie geboren hat, wirkt keine Frau banal. Nur Väter geben Rätsel auf.

Lohn der Treue – daß einen das Alter des Betreuten nicht anspringt; Strafe der Untreue – daß einen das Anvertraute in treulichem Verfall überrascht.

Was sich herumspricht, ist ihre Kinder-, nicht ihre Männerlosigkeit. Das spricht sich herum, unter Männern.

Jemand, dessen Güte endlos die deine übertrifft, dessen Bosheit endlos seine Güte übertrifft.

Ein Wesen, der Vervielfältigung fähig, der Mitteilung unbedürftig.

Der zweite Teil eines Lebens beginnt, wo man sieht, daß nichts den Verlust des ersten wiedergutmachen kann – wenn bis zum Schluß nebenher das Wesen atmet, das von Anbeginn fehlte.

In der Passion wird Ignoranz zielsicher, ihre Geschichte ist Spezialisierung auf das, was man nicht wissen wollte.

Bäuche, Brüste usw.: Immer auch fühlt man sich durch ein Fleisch, das man berührt, getrennt von dem Menschen, der dazu gehört, und am freiesten machen sich die Menschen, die auf dieser Trennung bestehen, ja, die nicht scheuen, selbst Hand anzulegen.

Man beherrscht das Gefühl, das einen kränkte, aber man wird übermütig am Beherrschten, aus der Vollrunde des Glücks gibt man ihm einen Tritt und läßt es rollen und ehelicht einander, da erhebt es sich im Unglück neu und furchtbar.

Die Abhängigkeit, in die man an einem Körper gerät, der nicht der eigene ist – nicht Männer noch Frauen können einen darüber trösten; was von ihnen kommt, ist so trostlos wie die Abhängigkeit selbst; des Trostmangels Geschlechtslosigkeit ist bald die Geschlechtslosigkeit des Abhängigseins, wird die beste aller Tröstungen.

Die Höhe der Anstrengung zeigt uns auf dem Gipfel der Bescheidenheit. Ein paar Momente Stillgestelltsein, wo wir als Säuglinge über Jahre verfügen durften. Und weil es so wenig ist, kann es gezeigt werden, und weil es gezeigt werden kann, schämen wir uns – schämt sich der Säugling in uns.

Wenn man einen Körper benötigt, der nicht der eigene ist, dann müßte es gelingen, alles von ihm abzuschneiden, was seine Anbetung verhindern kann, d.h. was mit einem selbst zu tun hat. So ohne allen Zusammenhang könnte man dem Körper gerecht werden, man hätte ihn endlich verdient, so wie er selbst einen schon lange verdient hatte. Einen Körper haben zu müssen, heißt, fast alle Sinne entbehren zu können.

Auf jedem passionierten Wesen sitzt doch, gefaßt und gespannt, ein Verratsfloh auf dem Absprung. Der flüstert: Du wirst wiederholte Enttäuschtheit los, wenn du dich auf länger enttäuschst, du wirst nicht mehr von einem Wesen enttäuscht, wenn du ihm ein anderes verschaffst, du kannst dich losmachen von dem, was dir wieder und wieder nur fehlen und erstattet wird und nie etwas vormachen kann.

Mit Erweiterung der Frau wird die Wahrheit etwas, das unbedingt zu Tage will, nicht anders als die Macht. Die Kränkung, welche die Treue dem erweiterten Wesen zufügt, kann es nur durch Verachtung abschütteln, Verachtung des Erweiterten, der ohne etwas bleibt.

Eines ist in sich vertieft, das andere schaut hin und dazu interesselos. Wo findet man das noch? Füttere deine Frau! Laß deine Frau an den gedeckten Tisch, laß es aus Schüsseln emporsteigen zu ihr!

Ein Wesen, das seine Aufrichtigkeit und seine Unaufrichtigkeit nur findet, wo es Flüssigkeit absondert; ein anderes, dem aufrichtig werden in Fluß geraten heißt, das vor Aufrichtigkeit zerfließen würde.

Als der Geist nicht mehr über den Wassern schweben konnte, verlegte er sich auf die Sekrete, daher das Renommee all dessen, was aus dem Menschen fließt.

Was hat der eine, das der andere nicht hat? Geburt der Erkenntnistheorie. Wie fern ist uns das!

Es gibt keine Neugier, die nicht in Verachtung endete, es gibt kein Erkanntsein, das nicht zu hassen anfinge.

Unter Gierigen ist der Neugierige nicht nur der erste, sondern auch der älteste der Rachlustigen.

Man sitzt da, träg und gierig, greift und läßt sich ergreifen. Ergreifendes ernst nehmen hieße davonlaufen.

Das Vertrauteste – oft das, was einen Stück um Stück aufnimmt und dadurch im Ganzen verschont, wie die Lokalität oder ihre Latrine, in der man immer wieder einkehrt.

Wäre im Reich der Passion eine Geschichte möglich, dann vielleicht als Begegnung des ersten und des letzten Liebhabers.

Die Verrohung nach Perikles muß auf die Anfänge des Bürgertums zurückgehen, auf den Zwang, von seiner Frau zu sprechen.

Die Abwesenheit der Frau schafft eine Lücke, die ihre Anwesenheit nicht stopfen kann.

Daß ein Körper sein soll, wo ein anderer ist – es widerspricht den Regeln der Physik, nicht denen von Logik und Ethik.

Vereinigungen müssen scheitern, die auf Wiederherstellung einer ursprünglichen Ruhe zielen. Deren Störung nachzuspielen wäre das einzige, worüber man sich einig werden könnte, unter vielem Lärm.

Ein Wesen, das alle Arten von Fehlschlüssen rechtfertigt: ein Wesen, dem man nicht gerecht werden kann, daher nicht gerecht werden muß.

Man hat in die Frauen gerufen, und immer antwortete etwas, das nicht Frau war.

Man gehört nicht zu den Frauen, wie sollten sie einen da nicht gleichgültig lassen?

Man hat in die Frauen hineingerufen, manche blieben stumm, in die ruft man immer noch, kindischer jedesmal.

Man fühlt sich allein in der Frau.

Für den Jahrtausende-Gleichmut, mit dem die Frau Einlaß gewährte, mußte sie anderes erwarten als Nachkommen und Nebenmenschen.

Immer noch der Traum, daß Männer und Frauen übereinkommen gegen den, der ihnen Männer und Frauen eingebrockt hat. In Familien schläft man so.

Mann und Frau mögen verschwinden, doch niemals allein, eher schon wie Mann und Maus.

Ständiger Schwund der Zwischeninstanzen. Die vollendete Bedrücktheit läßt nur Männer und Frauen übrig. Dann entdeckt man, daß sie einander in Stufen erreichbar sind.

Maß aller Menschen, es kann nichts Menschliches sein. Der Abstand vom Tierreich gemessen am Umgang des Mannes mit der Frau, der Frau mit der Frau.

Menschen sind ersetzbar. Gefühle nicht. Darum hält man sich an einen Menschen, der einem wandelbares Gefühl beschert, darum hält man sich einen Menschen.

Es gibt Wesen, deren Vermehrungskraft das Gefühl verunsichert, Schwestern, deren Vielzahl zum Verrat treibt, Mütter, die vor die Wahl stellen, ihre Nachkommen oder sie selbst zu verehren.

Etwas, das nicht geboren hat, kann nicht befreundet sein mit etwas, das nicht gebären kann. Es gibt keine Freundschaft zwischen Feinden, die noch nicht gekämpft haben. Am freundlichsten, am friedlichsten ist es da, wo man die Feinde wechselt.

Was er von ihr sagt, ist falsch. Was er von sich sagt, ist nichts. Was er sie von sich sagen läßt, ist nicht falsch. Was er sich für sie sagen läßt, fälscht nichts.

Man vermag über etwas nichts, das über sich selbst nichts vermag; wenn es etwas über sich vermöchte, dann herrschte es wie die Vergangenheit, die Frauen, die Toten.

Frauen traten auf, die nicht dulden konnten, wie man über sie sprach – die es besser wußten, wie sie Männern erscheinen mußten.

Das Weib im Mann und der Mann im Weib haben kein Erbarmen mit dem Mann im Mann und dem Weib im Weib. Erbarmungslos wird, was ausgestopft ward.

Fast immer, wenn man ein nichtiges Gesicht sieht, enttäuscht der Mensch dahinter; man mag nicht glauben, daß Nichtigkeit ein Gesicht aufsetzt.

Ein Volk in der Fülle der Reifung. Seine Frauen bringen niemals Frühgeburten zur Welt. Sie schreien unter ausgewachsenen Leichnamen. Sie mußten ihre Zeit abwarten, so wie diese es noch tun müssen.

Man kommt auf die Hüterin, die Bewahrerin des Lebens; der Bewahrung entgegen ist die Zerstreuung, jede Ausbreitung und vielleicht schon manche Auslassung.

Du hast einen Menschenversuch gemacht. Aber dein Versuchstier geht nicht ein. Es lebt durch deine Versuche. Dir gehen die Versuche aus.

Du glaubst dich verlassen und möchtest jemanden verlassen glauben. Das eine ist dein Aberglaube, das andere deine Religion.

Eine Frau erzählt dir, daß sie sich schwanger fühlt, ein Freund erzählt dir, daß er sich umbringen will. Sie wissen nicht voneinander, du machst sie bekannt.

Selbstverständlich können die Geschlechter erheitern. Man muß ihnen den Gegenstand vorgeben. Die Liebschaft von Freundschaft sprechen lassen.

Was Freundschaft wert ist? Wo sich kaum mehr das Geschlecht findet, sie zu zerstören? In einem Weltalter der Liebchen, der Liebschaft?

Lächerlich genug, daß einen das, was man nicht aus Gleichgültigkeit, sondern aus Not annimmt, auch noch stärker verpflichten will – daß die Not nach der Nötigung, nach den Nöten ruft.

Man legt den Kopf in die eine Hand und die Hand in die Hand eines anderen.

Man kann das Gerede einer Gebildeten nicht ertragen, und für das Schweigen einer Ungebildeten fehlt einem der Mut.

Man sucht nicht das Gespräch mit ihr, denn es gibt gebrochene Geister, keine gebrochenen Frauen.

Eine Verstummte würde vollkommen beherrschen.

Freundschaft zehrt vom Verschwiegenen, Liebschaft vom Versprochenen.

Wie sollte man nicht anbeten, was sprach und für einen verstummt ist?

Der Anblick von Anmut versetzt uns in Bestürzung, wie jede Unebenheit in der Welt, die wir kennen.

Wenn Berechnung zögern muß, darf sie sich Zartgefühl nennen.

Weil sie schlecht schlafen, meinen unsere Geliebten, sie lebten in der Wahrheit.

Die mannhafte, die zerstreute Frau.

Wie kann man fürchten, worunter man leidet?

Eine Erblindete, ein Wesen, das ernst und doch nicht dumm ausschaut, ein Wesen, das nur ausschaut.

Das Alter der Schönheit ist Verachtung, das Alter der Anmut – Demut.

Der Ekel, die vielleicht zarteste aller Empfindungen, verstört leicht die weniger zarten, oft zärtlichen Empfindungen.

Wo eines aufbaut und abreißt, muß ein anderes halten oder fallenlassen.

Wer deinen Mann lobt, stellt sich über ihn, wer deine Frau lobt, stellt sich ihr gleich.

Man findet natürlich nicht die dumme Frau, weil man eine sucht, die es aus Klugheit geworden ist.

Eine Frau ausführen – seine Wunde zeigen, den Mann ausführen – sich verbunden wissen.

Unter den Sprechenden wählt er die Kluge und unter den Dummen die Schweigende. In seiner Macht steht, die Klugheit zum Schweigen und die Dummheit zum Sprechen zu bringen.

Dummheit, letzte Utopie.

Nicht die Baumeisterin, Bildhauerin, Malerin, Musikerin. Auch nicht die Sängerin, Seherin, Ruferin. Sondern immer kritisch war die Dichterin. Unerlaubte Entfernung von ursprünglicher Unpoesie. Kein anderes wird so sehr gestraft.

Schon von leeren Gesichtern kann man nurmehr träumen, im Traum hält man Ausschau nach Gesichtern ohne »etwas«, jenes Etwas, das unschön darin hängenblieb. Aber nun erst ein schönes leeres Gesicht – da legt sich der ganze Himmel über deinen Tag.

Die Frauen dieses Volkes wissen nicht mehr wohin mit ihren Blicken: Man verhöhnt den Ernst, mit dem sie etwas fixieren, das findet man kuhäugig und nennt es kühisch. Man verhöhnt aber auch den Eifer, mit dem sie von allem den Blick zurückhalten, ihr angelegentliches Starren ins Leere, das nimmt man ihnen nicht ab. So von allen Seiten mit Blenden umstellt, fassen sie den Entschluß, sich begaffen zu lassen, und finden wieder ihre ursprüngliche Würde.

Eine Welt ohne Eifersucht, eine Welt jenseits der Physik: Wo ein Körper ist, kann auch ein anderer sein.

Die Frau, die eines Menschen Totenruhe stört – wozu kann sie helfen außer zu seiner Umbettung?

Menschen, die man nur versteht, wenn man sie haben oder wiederhaben will.

In ihr verbinden sich Kind und Feind, sie ist ein feindliches Kind, ein kindlicher Feind.

Die Hunde der Menschen, sich gegenseitig witternd, beschnüffelnd, die Menschenfrauen.

Ein erlesen böses Kind – ein Kind, das nicht schlägt und nicht geschlagen werden kann.

Die Verwechslung von Nahrung und Genuß, von Gebrauch und Tausch, der Stoff der Tragödien.

Es soll nicht auf Verrat oder Verdruß hinauslaufen. Also soll es auf gar nichts hinauslaufen. Eine Frau und ein Mann in Aspik.

Die Tapfersten werden eine Zärtlichkeit leiden, Frauen von einer Tapferkeit, die ihre Käuflichkeit übersteigt.

Ein Ehemann, dem die hemdenbügelnde Frau gestorben ist, der nach und nach die von ihr gebügelten Hemden aufbraucht, der wieder eintritt in den Kreislauf des Schmutzes, aus dem die Geschlechter kommen.

Aus Ehezeiten, aus Zeiten, da verblichene Neigung noch Anspruch auf ein Staatsbegräbnis hatte.

In der Leidenschaft wird viel zu sprechen sein, aber man selber wird es sein, der spricht, das Leidenschaftliche darf nicht zu hören sein.

Immer mußte man die Frauen beweinen, die schön waren und es besser wußten als man selbst.

Man weiß, daß alles ersetzbar ist. Deshalb glaubt man, der Verlust sei unersetzlich.

Die Absenz des beweinten Wesens erfüllt wie ein Rausch oder wenigstens wie ein Rauschen.

Ein Volk, das die jungen Witwen nicht mehr kennt und die Anmut der jungen Witwen.

Was man ihr angetan hat, ist nichts Schlechtes, wenn man nicht darüber denkt, darüber spricht. Denkt man, so hat man dem Denken schlechtgetan, spricht man, schlechtgetan dem Sprechen.

Man braucht stets das, was man verachtet. Man würde nicht wagen, am Geachteten ein Bedürfnis großzuziehen, das Achtbare würde nicht wagen, einen bedürftig zu lassen.

Die Schätzung und die Verschätzung eines Wesens, das etwas mit sich geschehen läßt, das ein anderes aus- oder einkehren läßt, das ein Ausleben, ein Ausbluten zuläßt.

Lust, die sich vom Bildschönen trennt, die keine Rechtfertigung mehr hat, die ihre Rechtfertigung in sich trägt ... Bei dem interessefreien Glotzen geht die Gemeinheit.

Eine Schönheit ist sich ein Unglück und ist das Unglück ihres Volkes. All diese anmutlosen Frauen ... Was kann solchem Volk zustoßen?

Auch bei schwindender Gattungslust hat die späte Frauenrasse etwas, das ihr die Erde rasch untertan machen könnte, sie hat etwas Erdabdeckendes. Die Ersparnis jeglicher Anmut verdampft allen Berührungs- und Zerstörungswunsch, durch den sonst Schönheit quält und erlöst; man zieht seine Hände zurück und überläßt dieses Geschlecht seinem Schicksal, seiner Ausbreitung.

Macher, Gemachte

Die Unschuld ist niemals lieblich vor dem Fall.

Beschnittene Kindernarrheit, wuchernder Kindsgeist.

Was mit dem Kind geht und fällt wie eine Träne.

Nicht hinschauen zu den Kindlosen. Über die Schulter, über die Jahre mit ihnen sprechen.

Mutterleib, Tränenleib.

Sich etwas Kleines geben, auf daß Alter zuwachse.

Nach dem Fallen alle Kraft verloren, alle Kraft aus dem Fallen.

Zwei, die es zusammengelegt hat, sollen unter ein Dach passen.

Der Tod macht zum Gedanken, was Sache ist seit Geburt.

Über Kleines reden macht klein, über Größeres reden macht kleiner.

Was man von diesem Leben weiß, weiß man durch seinen Verlust.

Ein Spielzeug sein oder ein Spielzeug bekommen und nicht werden.

Die Ehrfurcht vorm Leben ist die Furcht vor seinem Beginn.

Das Leben erhält sich durch Überdruß an Spielzeug, also durch Produktion von Spielzeug, also durch Produktion von Überdruß.

Man kann nur verlassen, was man selbst gemacht hat. Die meisten Weggänge sind Anmaßung.

Die Leidenschaft verdünnt sich. Erlittenes nimmt ihren Raum ein. Kinder erinnern einen an die Vergangenheit, die man irgendwo zurückgelassen glaubt und die einem täglich altkluger begegnet.

Eine zarte Apfelblütensorte, mit Sinn (Gehör, Gefühl) für alles Unzuträgliche. Nachdem es nur noch leise um ihren Zweig rauscht, fühlt sie sich frei, einen Apfel hart zur Erde fallen zu lassen, und noch einen, und noch einen.

Vielleicht würde man sich sogar in einer Kloake versenken, wenn man sicher wüßte, daß es sich um eine grund- und bodenlose Kloake handelte und nicht bloß um eine Pfütze, in der schon allzu vieles versank.

Manchen Kindlosen macht es unkäufliche Freude, all diesen ratlos Liebenden zuzuschauen, die es nach einer Richtung für ihren Zustand verlangt und die Hersteller werden, die also mehr tun, als zu verkaufen ist – die also schon gekauft sind vom größeren Hersteller.

Woher wächst denn neues Leben? Aus der Ratlosigkeit des alten. In der Welt ist das so, warum soll es vor ihr anders gewesen sein?

Wie kann man etwas zur Welt bringen, ohne es an die Welt zu verraten? Man müßte an eine erstorbene Welt glauben können oder an eine, die alles belebt, was zu ihr kommt.

Was sich vermeiden läßt, verdient schrankenlose Bejahung; es ist das einzige Stück Welt, das menschlicher Verneinung ungestückelt zufällt.

Wie die Geschichte ist das Leben ein Irrtum, den man nicht selbst zu büßen hatte. Das Leben benötigt die anderen und hat sie sogar erschaffen.

Wo man Aufrichtigkeit findet: Wenn ein Geschlecht dem andern bei der Fütterung zusieht. Mehr noch: Wenn es die Fütterung veranlaßte.

Was dich mit deiner Frau verbindet, ist die Angst vor eurem Kind. Was dich an dein Kind bindet, ist die Angst vor eurer Verbindung.

Um seiner Zärtlichkeit einen Gegenstand zu verschaffen, hat man sogar die Erschaffung einer Welt zugelassen – einer Welt wie dieser sogar.

Aufrichtige Freude hat man zum letzten Mal während der Schöpfung empfunden, in ihr hat sich die Freude erschöpft, seither ist nur die Trauer aufrichtig.

Das Vertrauen, das einem fremdes Leben entgegenbringt, verbietet den Wunsch nach eigenem – nach Leben, das einem fremd werden soll.

Ob man Kinder wird lieben können, das hängt daran, ob man Grauköpfe wird lieben können, ob man Graugeborenes nähren will und woran.

An der Freiwilligkeit der Vaterliebe verschied schon dieser und jener Gott.

Man setzt eine Zeit aus, um eine andere einzusetzen. So hat man es gelernt.

Aus der Hälfte der Menschheit macht das neue Leben Objekte, aus der ganzen Menschheit der Tod.

Man hat Respekt vor den Eheleuten, man hat Respekt vor allen, die sich noch vor etwas fürchten können.

Die Spitze ehrfürchtigen Hochmutes, dieser Wunsch, daß da nichts von einem übrigbleibe, daß einem nichts nachkomme.

Zuerst war viel Zeugenschaft, mehr, als man einem Macher zutrauen sollte. Damit sich die Leute nicht schon im Garten totschlugen, wurden sie daraus vertrieben, von einem, der nicht zusehen wollte.

Die Schöpfung in ihrer Herkunft aus einer Vorgeschichte, aus der befristeten Erledigung eines Bedürfnisses, das sich in ganz anderem erledigt als im Geschöpf.

Am merkwürdigsten an der Schaffung einer gewissen Kreatur bleibt, daß es bei der einen nicht bleiben sollte. Da wollte jemand etwas gutmachen. Aber an wem?

Es ist leichter, wegzugehen als wegzuschauen. Darum sieht man das Unheil dort bleiben, wo es ist.

Ein Kehraus, die Götter lassen die Erde leer zurück, gefüllt mit Gedanken und Geburten.

Man kann lieben, was von einem kommt oder geht, aber nicht, was in einem ist. Deshalb spricht man von Wachstum, von Entwicklung.

In der Schenkfreude, in der Abtrennungslust liegt manchmal eine Ungenauigkeit, eine Art Verschwendertum, die noch auf anderes Hoffnung macht als auf Frau und Kind.

Diese Erschaffung der gebrauchsfähigen Dinge und dann ihres Benutzers, wie will einem das bekannt vorkommen! Alles ist schon da, Nachkommen sind, was fehlt. Vielleicht, daß sie alles zurücknehmen, das schon da ist an Mißlungenem.

Das Fortschreiten, wie das Leben, kommt aus einer Passion, die nicht weiterwußte, die aber weiterwollte. Sie tröstet, sie rechtfertigt sich damit, daß sie auch ein Vergehen auf den Weg brachte. Doch sie kann ihre Ratlosigkeit nicht mehr vergessen.

Ein Ungeheuerliches wie die Anwesenheit kann nicht durch eine bloße Schöpferlaune erklärt werden, sie muß etwas so Ungeheurem entspringen wie der Mutterliebe, der Mutterlust.

Seelenhelferei, Geburtshelfertum, der verlogene Schwachsinn der zweiten Zeugenschaft, diese Eingabe, seine Getriebenheit einmal zu beglotzen … Nie warst du einsamer, als du empfingst.

Das schlechte Gewissen, überlebt zu haben, befördert die Zeugungswut – es sehnt sich nach Überlebenden.

An Kindes Statt nimmt man das Zeugungsunfähige an.

Der tiefgehende Schrecken, der ein Doppeltes auf immer eint, der Schrecken angesichts eines Zweiten oder Dritten.

Seine Phantasie einbüßen, durch Männer, durch Frauen.

Schwaches in der Schwäche bestärken.

Die *Sprache* der Liebe, das wäre die Sprache von geführten Prozessen.

Worum die Geschlechter einander beneiden, das ist ihr Unglück.

Keine Kinder, keine Kriege mehr, nichts, um voneinander freizukommen.

Eine Epoche, in der Empfängnis, eine zweite, in der Entbindung als kränkend gilt.

Ein Volk, das kein Grauen mehr anfaßt beim Anblick von fremden Frauen, die unter ihm schwanger gehen.

Die Nachgeburten verhelfen zu der Einsamkeit, aus der man einmal die Vergangenheit erlösen wollte.

Man muß Plato nachdanken. Nicht nur Vaterschaft, selbst Männerkrankheit riecht noch nach Erwähltheit.

Der Anblick von Liebenswürdigem, welcher einem mitunter zuteil wird, belehrt über die Winzigkeit des eigenen Liebeshungers. Das ist die Stimmung, der Welt unnötige Anmut nachzurechnen.

Die Versuche der Philosophen, sich überall dazwischenzuschieben. Aber zwischen Theologie und Zoologie, zwischen Männer und Frauen paßt nichts.

Zweimal ist es der Geschichte gelungen, den Menschen eine Ahnung von Privatheit zu verschaffen: in dem Gebot, sich fortzupflanzen, in dem Verbot, es zu tun.

Es hat noch niemand zum Dasein ein Ja gesagt ohne ein Nein zu dem, was ihm dieses Dasein anhängte.

»Ich habe den Menschen benutzt und brauche ihn nicht mehr« – kann man näher am Ursprung sein, näher am Menschen?

Weil man für ein Nachkommendes da sein muß und dabei nicht allein sein kann, entsteht der Anschein, daß man für noch anders als das Nachkommende da sein muß.

Selten dämliche Gesichter der Männer in den letzten Monaten, allmählich dämmert der Betrug: wie wenig gaben sie, wie gewaltig wird gewirtschaftet damit. Indianer sind es, die neben dem Land ihrer Väter stehen, doch ohne die Würde aus Branntweinkronen.

Der Stolz auf das eigene Fleisch, wo es getrennt von einem zu existieren beginnt, ist so, wie Stolz sein muß: grundlos und unbegründet, hochmütig und demütig in einem. Kein Wunder, daß die Frömmsten der Zeiten nur immer die weniger Frommen nach dem Herzen Gottes sein ließen – daß sie ihnen die Familie erfanden.

Der Hochmut, die Welt nicht gut genug zu finden für das, was zu ihr kommt. Die Bosheit, Aufrichtigkeit, Dummheit, die Welt allzugut gemacht zu finden, sie darum mit etwas zu teilen, das in sie kommt. Die Einsicht, daß einander nicht verdient hat, was kommt und was ist. Die Trauer über die Welt, die Klage über das Kommende.

Man versucht in immer neuen Anläufen, es dem Macher seiner selbst heimzuzahlen, indem man seine Auflagen erfüllt, ohne daß er sie einem noch persönlich auferlegen müßte. Aber es gelingt nicht, er meldet sich immer wieder zu Wort und lobt einen nachträglich. Da steht man dumm als Arbeitsmann, Familienvater, Volksvertreter.

Mensch und Mensch halten es zusammen aus in einer gemeinsamen Erinnerung, aber sie zielt nicht auf Gemeinsamkeit, sondern auf den Moment, als jedes frei war, sich dem andern anzutragen. So bleibt nur der Eindruck des Gemeinsinns, der Gemeinheit in dem Erinnerungserzählen von Mensch zu Mensch.

Alle Kümmernisse, die die Anwesenheit eines Menschen beschert, sind nur ein schwacher Abglanz vormaliger Abwesenheit, dieses unvergeßlichen Skandals; wo nichts war, west etwas, mit Lücken und Einbußen, markiert ein wenig von der verlorenen Abwesenheit, man sollte lachen können darüber.

Wo das Bett nicht mehr als Ort der Kränkung gilt, ist das ewige Leben in Aussicht – und die ewige Ruhe.

Was ins Leben ruft, ist das Talent zu irren, was am Leben hält, ist Lügnertalent.

Welcher Art von Misanthropie man zuneige, wird davon abhängen, ob man die Geburt als Vorzeichen oder als Anzeichen des Lebens auffaßt.

Große und kleine Gefühle. Selbstverständlich gibt es das. Das größte Gefühl hat, wer allein ist. Man denke an das Schreien, Jauchzen, Grunzen vor Erschaffung der Welt.

Das Leben bewahren, es nicht in die Welt lassen. Nichts mehr loslassen, was lebendig dazustieß. Die Zeugen versammeln und am Versammlungsort eingehen lassen.

Keine Zeit mehr für die Nachkommen, keine Kraft mehr wider die Feinde; ein Zeugen und Töten, ehe was Böses ans Licht kommt.

Erscheinung eines Lebens, das weder gebären noch töten muß, in seinen Aborten aber ein Bild gewinnt von beidem.

Was die Leute aufeinander zutreibt und was sie beieinander hält, das ist so grundverschieden, daß sie früher oder später auf die Vorstellung eines obersten Machers kommen mußten, dem Schöpfen und Erhalten eines sind.

Man wird einen, der jeden Anfall von Herstellertum in einem Produkt verewigt sehen will, nicht mehr anders ansehen als den Schwachsinnigen, der jede Lustigkeit und Lust in einem Lebewesen gebüßt sehen wollte.

Wissen wir, wer vom Ende der Tage her die Menschlein zu sich kommen lassen will, haben wir auch nur am Alter einen Maßstab für seine Launen?

Bocksbeinige, die die Welt von aller Fruchtbarkeit so entleert finden, daß sie sich darin langweilen und die Dinge in ihrem vorgeschlechtlichen Stand schauen.

Ein man weiß nicht wodurch wohlerzogener Schöpfer, der nach und nach des Spielens sich entwöhnt, der ernsthaft wird und sein Spielzeug liegenläßt, seine Schöpfung fallenläßt.

Eine andere Art Ernst: nichts fallen-, nichts herumliegen lassen, alles Spielzeug zerbrechen.

Dieser traurige Gott, der weder Freunde noch Feinde sein eigen nennt und sich eine Familie zusammenzeugt.

Gottes Kraft, mehrere seiner Geschöpfe lieben zu können, von diesen erfaßt als Schwäche.

Endliches Erscheinen der Leidenschaftslosen, die allen Freundschaft antragen.

Paarungen, ohne daß etwas unterwegs ist … Paare, die sich selbst auf den Weg bringen …

Gott, Geschlecht. Nichts, worauf man zugehen würde. Geschichte.

In den Städten die folgenlos Gepaarten ohne Katze, selbst ohne Hund: Einer des anderen Hund.

Diese Unlust auf Nachkommen, diese Unlust zur Nachbesserung.

Dieser Überdruß am Tod der fremden Nachkommen, am Leben der eigenen.

Diese unfruchtbaren Zeitalter, wo alles Kind bleiben und keines wieder jung werden will.

Manche Produkte verderben, wenn sie sich geliebt wissen, manche Hersteller wissen das.

Man hält sich für unersetzbar, wenn man überlebt, was von einem abkam.

In der kindlichen Begeisterung für den Unrat steckt die Hoffnung auf seinen Schwund.

Wer zeugt, der mordet; wer nicht zeugt, mordet sich selbst.

Daß einen jeder dahergezeugte, dahingeborene Knabe zum Großvater machen kann …

Der erwachsene Mensch widerlegt nicht den kindlichen Menschen, aber das Menschenmachen.

Das Unbehagen, das einen beim Ausdenken einer Nachwelt anfällt, läßt einen alles tun, um eine zu erschaffen.

Die Kränkung durch Adoption erträgt kein Geborener, die Kränkung durch Geburt kein Lebender.

Unfähig, noch einen Tag länger zu lieben, haucht man am letzten seine Liebe aus in der Produktion eines Wesens, das lieben wird; gerächt liegt man da, liegt alles darnieder und mehr als das.

Man meint etwas sein zu müssen, ehe man jemanden wollen darf. Das ist kein schlechter Gedanke, denn *natürlich* gibt es keinen Grund, jemanden zu wollen, weil man natürlich *nichts* ist.

Das Mitleid, das kein neues Leben zulassen will, muß zugleich konkret und universell sein, es darf nicht über schlechte Lagen stolpern, es muß größer sein als das Mitleid, das einmal Liebe zu den Eltern heißen wird.

Die Geschäftigkeit eines Lebens antwortet dem Fatalismus eines Vorlebens, dem Fatalismus eines Dreivierteljahrs, der nur überboten wird vom Fatalismus eines Wesens, das geschäftig war, immer da zu sein.

Das Schlafen des Schöpfers nach der Entbindung der Welt, sein entsetztes Gesicht nach dem Erwachen in der Welt, das Entsetzen der Welt über sein Gesicht.

Bei dem meisten, was man von der Schöpfung sieht, der Gedanke: Da wollte jemand seine Selbstsucht vergessen. Aber umsonst, sie schimmert durch alles Geschöpf.

Wenn es eine Züchtigung gäbe fürs Schöpfen, dann wäre es Anwesenheit des Schöpfers bei der Schöpfung oder gar in ihr.

Alle Mängel der Schöpfung lassen sich zurückführen auf das eine Vergehen des Schöpfers: Abwesenheit. Strafe, Wiedergutmachung wäre, was jeden Macher treffen kann: ewige Anwesenheit beim Gemachten.

Die Teufelsperspektive auf die Welt ist wesentlich retrograd. Der Haß rechtfertigt, was die Liebe anrichtete. Und war es nicht Verliebtheit, was den Teufel fallen und in einer Welt aufschlagen ließ?

Die Lächerlichkeit der Geschichte kommt aus der Eifersucht, mit der sich ihr Veranlasser und ihre Veranlaßten begegnen. Die Eifersucht regiert, wo man nicht mehr allein sein kann. Das sehen Veranlasser und Veranlaßte ein, der eine durch Verfolgung, die andern durch Ausflüchte.

Immer mehr Hoffnung geht auf das, was fehlt, nicht auf das, was hinzukommt. So ließe sich eine Dummheit, gleich welchen Geschlechts, erhoffen, die so fühllos ist, daß sie von keinem Wunsch nach Verstreuung oder Vermehrung beunruhigt oder beseelt wird, eine mehr als jungfräuliche Stumpfheit.

Wenn man in den Spiegel schaut und einem der Vorwitz neuen Lebens entgegensieht, dann findet man sich vor der Wahl, gewöhnlich zu werden oder kindisch zu bleiben, nur um sich von dem Anblick der Fratze zu befreien, die beides ist.

Die Nachkommen, zu denen man sich verholfen hat, finden es erträglich in dieser Welt, sie bereuen es nicht, hier aufgezogen zu sein, ausgehalten zu haben, sie bestätigen es einem in jeder Weise. Sie fallen einem vom Gewissen mit ihrem Lobpreis des Hierseins; derart erleichtert, fragt man sich, was man falsch gemacht hatte in dieser Welt, daß man es in ihr nicht ohne Nachkommen aushielt.

Dem mutter-, vater-, kindscheuen Egoismus, der nichts leiden lassen will und nichts leiden, fehlt zur Reinheit nur der Herstellungsverzicht, fehlt der Wille und fehlt die Einsicht, daß auch an seinem Hergestellten niemand zu jubeln und zu leiden habe.

Die Unlust auf neue Generationen aus Zartgefühl für die Dummköpfe, die da nach einem kommen würden: man müßte den Rest seiner Tage als Seelenführer oder Denkmeister, als Verzögerungskünstler, als der Dreschflegel junger Rücken, Schultern und Gehirne zubringen und säße doch nur auf der Spreu seiner Zerstreuungsweisheit, man würde auf sie einschlagen und müßte doch alle Weisheit, alles Blut am Schlag-Zeug festkleben sehn.

Selten erreichen Erwachsene jene Einsicht, in welcher Kinder einander das Geschlecht zeigen. Die lieben Kleinen werden einer Erlösung für würdig befunden, weil sie nicht von den anderen Gezwungenheiten wissen, den ersten und letzten – undenkbar, daß Erwachsene etwas an sich zu zeigen hätten und dabei nicht an ihr Vorgeführtwerden in Geburt und Tod denken müßten. Für solche Ablösungen, Genüsse von Unverantwortlichkeit wie von Gebundensein, wäre eine kindliche Freiheit nötig; sie wird nicht gewährt. Deshalb bleibt von den drei Getriebenheiten – in die Welt, in der Welt, aus der Welt – nur die mittlere fürs Ablösen und Vorzeigen. Im Verzicht auf die Gattenwahl hält man sich von den Geburts- und Sterbezwängen frei, die kindlichen Vorzeiger enden als Voyeure vergehender Geschlechter.

Man nimmt an, daß vor der Schöpfung eine unabsehbare Ruhe geherrscht habe, die dann einem göttlichen Wohlstand ähnlichsehen würde. Man kann sich das Ende dieser Ruhe nur aus der Entdeckung irgendeines Mangels denken. Weil sich keiner finden will, soll es die Einsamkeit gewesen sein, die zur Menschenmache nötigte.
So muß man sicher denken, wenn man alles, was einem selbst voranging, als Verkehrung dessen denkt, was man nun ist. Himmel und Erde, Gott

und Mensch, Ober- und Unterwelt verkehren aber nicht nur ihre Ansichten, sie nehmen sich auch gegenseitig als Originale. Da kann der Gemachte auf den Macher schließen, ohne einen Blick auf diesen wagen oder verschwenden zu müssen. Wo keiner hinsieht, wo man sich nur erinnert, ergibt sich ein anderes Bild. Man weiß dann z.B., daß es vor der Schöpfung keineswegs gelangweilt oder luxuriös zuging, im Gegenteil: man besserte an Mängeln herum mit allen Händen, damit man sie zum Ende der Kindheit, oder der Jugend, oder der Bedürfniszeit überhaupt freihabe für den Luxus; man weiß es von den eigenen Eltern, man weiß sich als den ersten Luxus, den sie sich leisteten. Etwas von der Pfleglichkeit, mit der sie einen behandelten, ist noch übrig und anhängig, mit diesem Überhang schaut man vielleicht ein, zwei Augenblicke auf die Schöpfung, die sich jemand vom Munde absparte.

Welche Angebote müßte ein Schöpfer seinem Geschöpf machen, damit es sich in Vermehrung verausgabe und ihm nicht gleichkomme? Man weiß es nicht. Man sieht jedoch, was an Angeboten dem Mehrungsgebot folgte. Die Welt ist voll von den Überredungsversuchen Gottes. Darum paßt so wenig Schöpfung mehr hinein. Man kann sich kaum noch eine andere Lage vorstellen als die göttliche Unbeweglichkeit (»himmlische Ruhe«). Ein himmelhochherkömmliches Flüstern von Welten- und Kinderglück, es verursacht einem Schweißausbrüche, wieviel mehr der Lärm, den die Künftigen in Vorgeburtsräumen machen.

Die Abwesenheit der Macher, mit der diese ihr Gemachtes jeden Tag ängstigen können, ist schwaches Abbild der viel höheren Macht, die in ihrem Vorleben liegt – einer Macht, die sie ihrem Gemächte nur durch Einschränkung zu fühlen geben konnten – durch Teilung. Nichts ist weniger eindeutig als Anwesenheit beieinander; dagegen bedeutet es nicht viel, daß zuletzt die Macher der Anwesenheit verlassen werden.

Den ersten Beweger erkennt man vor allen Nachfolgern an der Schamlosigkeit gegenüber seinen Werken. Nie muß er sich von seinen Geschöpfen fragen lassen, wie denn genau es bei der Erschaffung zuging, man weiß es zu gut, es ist in allen Weltteilen buchgeworden. Schamlos ist der Schöpfer also schon in dem Drang, sich in seinen Werken zu zeigen, und, wo man diese über den Nachschöpfungen vergessen hat, darüber in Büchern zu reden. Schamlos, vermag er es weiterhin, daß seine Geschöpfe ständig sich ihm zeigen müssen.

Auch da hat er in alle Weltgegenden was fallen lassen, Schaupaläste, in denen man ihn noch nie, immer bloß seine Geschöpfe gesehen hat. Selbst die treuesten und gelungensten unter diesen fühlen, daß es in der äußeren Welt anders zugeht, daß man da nicht sich entblößen oder verhüllen darf in ungefragter Weise; sie haben's schwer in dieser schamhafteren Welt – der Schöpfung –, deshalb verlegen sie Zeugenschaft und Entblößung an geeignete Orte, in die Bücher und Häuser. Wer nicht fromm ist, kann sich in der Welt anständig betragen und doch den Schöpfer suchen, vor lauter Sucherei sieht er nicht bloß von seinen frommen Mitgeschöpfen nichts, sondern vergißt auch, sich bei seiner Suche zu zeigen; diese Zudringlichkeit büßt er als eine leuchtende Kahlstelle der Schöpfung, die sich mit ihm ausbreitet, er erleuchtet seine Mitgeschöpfe ein für allemal, ein Fidibus des Allmächtigen.

Das Kind mittelt zwischen den Eltern und der Welt, der Welt und ihrem Schöpfer durch sein unerbetenes Erscheinen wie durch den Zwang, den es in seinem Hiersein leidet. Man kann ihm vertrauen wie allem nicht freiwillig sich Einstellenden. Je mehr so ein Mittler sich eingeladen und geliebt und geehrt fühlt, desto mißtrauischer wird man ihn betrachten. Die kurzen Aufenthalte des Heiligen auf Erden.

Bei unserm Eintritt quälen wir einen andern, wie sollten wir bei unserm Austritt nicht uns selbst quälen müssen? Es ist die selbstverständlichste aller Ängste. Sie ist uns unbedingt mitgegeben, denn im Unterschied zum Eintritt können wir austreten allein oder vor unsern Nachfahren. Deshalb diese höhere Einsamkeit, von der alles redet, deshalb die Rede vom Kampf, von der Arbeit zu sterben.

Umgangsform: Jemand, den du umgehen möchtest, ein einfaches Nein würde genügen. Du müßtest nein sagen zu dem, was er ist, so könntest du ihn gelten lassen. Das tut man nicht, so spricht man nicht: Es ist anmaßend, einen Menschen zu verneinen, auch wenn man ihn nicht gemacht hat. Es ist anmaßender, zu jemandem ja zu sagen, mit dieser Anmaßung werden Menschen gemacht.

Zeugen in der Gewißheit, daß man das Gezeugte nicht mehr werde erleben müssen. Im Weltmaßstab: Vertrauen in die Existenz einer unsterblichen, unfruchtbaren Rasse zwischen den Generationen, über dem Geschlecht.

Es bedurfte der Raumfahrtmuseen, damit sichtbar wurde, daß alle Gefahr vom Kinde ausgeht, von seiner Erwartung und von seiner Ausfahrt.

Das Wüten der jungen Kerle, das schon klug genug ist, sich nicht an Dingen, sondern an Menschen zu vergreifen …

Der wachsende Verdacht, daß diese Welt unter Schmerzen konzipiert, mit Wollust verwirklicht wurde …

Wenn der ganze Mensch der wahre ist, dann geht der falsche neben ihm.

Sehnsucht erweitert, Angst kontrahiert. Beide verbinden.

Zurück in den Mutterleib, es ist nicht weit genug zurück.

Spätes Volk

Daß etwas verschwunden ist, sehen wir. Daß etwas da war, sehen wir nicht.

Eine Landkarte aus Gegenden, in die man nicht mehr reisen wird.

Grauhaarig, grauäugig kommt man in die Welt, mit dem festen Vorsatz, Kind zu bleiben und das letzte zu sein.

Der Wunsch, sich zu kennen, führt in die Kindheit und in die Krankheit.

Von der Quälerei des Wollens befreit die Gewißheit des Gewolltseins; der Schlaf ist jene Verkehrung der Dinge, worin die Völker ausgelöscht und die Bürger einbehalten sind.

Wenn man sich von der Krankheit, die die Ekelsucht schließlich ist, durch Ansteckung kurieren könnte, dann würde aus dem Ende der Zeiten noch ein Zeitalter brüderlicher Umarmungen.

Es gibt eine Zeit, deren Gegenwart völlige Verarmung fordert, völligen Mangel jeder anderen Zeit. Trostloser Anblick des Volkes, dem alle Zukunft gehört, dem nichts als die Zukunft gehört.

Den altgewordenen Nationen möchte man die Klage über Zeitflucht glauben, den lange geleiteten Frühvölkern, die in der Langeweile strenger Erziehung lernten, sich die Zeit zu vertreiben, von der sie nun nicht mehr eingeholt werden.

Ein Volk fühlt sich nicht mehr als Kind, sondern wegen seiner Kindlichkeit geliebt, wegen des rührenden Vertrauens in seine Selbständigkeit und deren Erzeugnisse – es zerfällt, altert in der Wiege; aus dem bösen Gerunzel eines Säuglings sprießen Zähne, mit denen es nach dem weisenden Finger, der streichelnden Hand seines Hüters schnappt.

Wenn Völker so hart und freundlich werden wie manchmal alte Leute, alte Frauen vielleicht, die alles verloren haben und auf andere alte Frauen treffen, die auf weiten Fluren miteinander freundlich sind, aneinander vorbeigehen, vorbeisprechen ...

Der Schwund eines Volkes, der Fehl eines Körperteils – das taugt nicht fürs Drama, das hat nichts zu tun mit der Zeit, das ist nicht zu besingen.

Ein großer Organismus, der nicht beisammenzuhalten ist und den nur noch ein Ende retten kann, als den großen Leichnam, der die Erde begräbt und nichts nachwachsen läßt. Man erträgt diese Vorstellung nicht, aber man tut auch nichts für das Ende. So reißt der Koloß nach und nach von selber ein, aus Rissen und Wunden leuchtet Innenwelt, worauf sich bald ungekannte Organismen ansiedeln, der große Organismus zerfällt in seine Glieder, denen man die alte Form noch ansieht, Finger und Arme und Beine und Köpfe nähren aus ihren blutigen Enden die Erde und werden dafür in Bewegung gehalten; es sind niegesehene Regungen des Erdzeitalters.

Verzweifelt sein, so sehr, daß man in Weihnachtsstimmung kommt; ein Volk von der Zukunftsfrechheit eines Kindes.

Im Eifer, dieses Volk: das eigene Leben auszuforschen, das fremde zu bessern.

Warum das Volk so müde geht? Man verdiente sich, durch Ausharren, ein Ende; etwas läuft einem dazwischen und verharrt seinerseits mit Gestaun; staunensmüde läuft man mit für ein zweites, das sichere Ende.

Der Humor, der ein so spätes und doch unreifes Volk erlösen kann, muß einer sein, den man sich nicht befehlen muß, weil er befohlen wird; diese Fügung löst alles weitere.

Ein Volk ohne Interessen wird auch die eines anderen Volkes nicht verstehen, es wird sie fortlaufend verletzen. Merkwürdige Aufgabe, ein uninteressiertes Volk zu vertilgen.

Um ein Ende zu machen, bedarf es einer gewissen Geübtheit in der Verzweiflung, welche man dann nicht mehr zerrieseln läßt in irgendwelchen Ausfällen gegen Beiläufiges, sondern die man zu leiten und zu lenken versteht.

So ohne alle Hoffnung, gibt es nichts, wozu spätes Volk nicht sich ermuntern könnte, alles ist ihm möglich, sein Fortgang ist ein rasches Emporrutschen ins Endgültige.

Man erspart sich vieles und kommt auf die Welt schon mit der Abgefeimtheit eines Kindes.

Eine Hoffnung, die man nicht von Kopf bis Fuß beschmutzte, läßt man nicht los und ans Licht.

Völker, die vergeblich gewartet haben und die noch da sind, Siegernationen.

Völker, die warten können, haben schon manchen Gott in Verlegenheit gebracht mit ihren Aussetzungen; Völker, die ausgesetzt haben, ob sie warten sollen oder nicht, sind nicht mehr verlegen um ihre Göttlichkeit.

Weil man von Wahr- und Gut- und Schönsprechern umgeben ist, hat man die Hoffnung nicht fahren lassen, daß welche was tun werden für einen. Ist Gesprech und Gespräch nicht schon klare Einsicht des Verhängnisses? Hat dieses nicht durch seine Nähe wahr- und gut- und schönsprecherisch gemacht?

Der faule Apfel fällt, den unreifen reißen andere ab und den reifen nimmt man sich selbst. So pflückt der brave Mann, so pflückt ein wackeres Volk sich selbst.

VOLKSKRANKHEITEN

Für manche Krankheiten muß man sich schämen, um von ihnen genesen zu können. Schamlos sind die Volkskrankheiten.

Der Abscheu vorm unheilbar, vorm gebürtig Kranken ist keine erste Regung, sondern eine zweite, zur Ruhe gekommene erste; die erste ist die Gleichgültigkeit vor einem Unglück, das man nicht ändern kann. Der Abscheu ist die Scham dessen, der unterm Kranken leben muß, weil er es nicht gemacht und nicht geheilt hat.

Die Sehnsucht nach einem Restchen Hysterie, um nur von irgend etwas gesunden zu können ...

Wäre Gesundheit ansteckend wie Krankheit, dann würden ihre Opfer zweifellos für mehr Zwischenräume sorgen in der Welt.

Unter den Kranken erwecken Anteilnahme nur die Urgesunden, die unglaublich Erkrankten; man nimmt Anteil an welchen, die man für Schwindler oder gesunden, aber glücklosen Nachwuchs hält.

KRANKE, VERSTORBENE

Unter den Kranken kann man sich ins Mitleid teilen. In der Familie versteht man einander. Zwischen Toten und Lebendigen geht es anders zu. Hier darf man schon einmal an sich selbst denken. Alle Gefühle fallen da zurück auf einen. Man kann z.B. den Toten nicht bemitleiden, müßte sich, statt dessen, selbst leid tun. Das geht nicht an – vor einem Toten. So stürzt alles Mitfühlen in sich zusammen. Trauer tropft nur aus Selbstvergessenheit. Die Trauernden wirken dann krank – man hat als Gesunder den richtigen Eindruck, daß man mit ihnen nicht verkehren sollte. Da man als dezent Gesunder nicht hin-, sondern gleich eine ganze Weile wegschaut, bildet sich der Eindruck einer Trauer-Zeit, einer Dauer, wie sie Krankheiten auszeichnet. So wird der Hinterbliebene also auch noch mißverstanden. Sein Vorgänger kann nichts, seine Nachfolger wollen nichts von ihm wissen.

Der Ernst, der mit der Arbeit zu schwinden droht, kann durch die Krankheit wiedergewonnen werden, durch etwas, das sich nicht machen, sondern nur pflegen läßt; von ferne erinnert die anfängliche Scheu ernster Krankheit, sich einzustellen, noch an die Arbeit, betrachtet von ihren bizarren Erzeugnissen her, sie erinnert auch an das Kapital, an seine Scheu sich zu binden, sein verstörtes, flüchtiges Wesen.

Man nähert sich dem Toten mit all der Ehrfurcht, mit der man einem unabsehbar Kranken naht, einem, auf dessen Krankheit man sich verlassen kann. Der Tote macht einem aber rasch klar, von wem hier Verläßlichkeit gefordert ist. Er verlangt alles und gibt nichts. Götter, wo anschaulich geworden, waren Tote, gemordete Helden usw.

Rein ist die Liebe zu einem toten Volk, an einem sterbenden Volk kann man nur Schmarotzer sein. Diesen Anblick bieten selbst die Überlebenden, die Gesunden, die Allzugesunden aus dem erkrankten Volk, die von seinem vergangenen unergründlichen Unglück leben; man hält sie bald für die Ursache der Vergangenheitskrankheit, weil sie selbst so gesund wirken; putzmunter leben sie ihrer Ausmerzung entgegen.

Die Achtung vor den Toten, von der alles faselt, wäre Gleichgültigkeit, das Einsehen, daß sie für nichts gestorben sind, also umsonst, darin selbst ihren Schlächtern entzogen.

Wenn sich das Verenden nicht als Ende des Spiels, sondern als Spiel selbst erwiese, dann würde die gute Miene begreiflich, die einem das Leben aufsetzt.

Merkwürdig unerledigtes Gefühl, wo einem der Mensch stirbt, von dem man sich zuletzt hintergangen fühlte.

Das Sprechen von den Toten – eine fortwährende Nachrede, bei der immer weniger immer mehr zu sagen haben.

Wer von seinen Toten die Zahl will, will mehr Tote.

Alte, Kranke

Wie die Krankheit, spezialisiert uns das Alter. Die Krankheit macht uns zu Einzelnen, erkennbaren, das Altwerden zu Einsamen, um sich wissenden.

Wie doch die Jahre vergehen! Vor nicht langer Zeit wollte es scheinen, als ob Kinder, unzerteilt und unbestimmt, am meisten entfernt wären von der Verallgemeinerung, auf die alles hinausläuft.

Ob man seine Andacht als Erwarten oder als Ertragen übt, das macht den verbleibenden, maßgeblichen Unterschied.

Krankheit, Leidtragen, Endgefühl – die seltenen Gelegenheiten, sich von der Selbstachtung zu erholen, aber selbst hat man keine mehr, keine Achtung und keine Gelegenheit.

Zum Ende hin läßt einen das Glück alt aussehen. Man kann sich nicht mehr erinnern an die Zeit, als einen das Glück nicht alterte.

ARME, ALTE

Besonders häßlich endet es, wo zwei Reiche aneinander Gefallen fanden.

In einem reichen Land ist jeder arm durch Geburt.

Wie stark ein Volk ist, das läßt sich an seinen Jungen ablesen: ob sie auf das Nichtstun vorbereitet sind, auf ein Leben ohne Geschäftsbereich.

GEHÄUFTE

Wer würde ein Volk, auch nur eine Familie noch einen *Körper* nennen wollen? Niemand. Aber ganz und gar nicht deshalb, weil diese Häufungen sich verflüchtigt, »vergeistigt« hätten. Eher sind sie Produkten aus Produkten ähnlich geworden, von Körpern zwar Ausstöße, aus denen aber Vergeistigung dampft.

Sprunghafter Anstieg der Menschenliebe, Nächstenachtung, wo man um sich herum einen nach dem andern entschlummern sieht. Auch Zufriedenheit mit aller Ordnung gesellt sich dazu, man will jeden in seinem Amt lassen.

Daß wenig Gutes viele Schlechtes erzeuge, ist Häufungsidee, Häufungserzeignis.

Es gibt Menschen, die man nicht ignorieren kann. Die einem abfordern, daß sie einem gleichgültig sind. Die es durchaus hören wollen, wie gleichgültig sie einem sind.

Die gelangweilte Minderheit quält die leidtragende Mehrheit. Wenn sich die Mehrheit langweilt, wird es alles in Hülle und Fülle geben, die Minderheit wird es tragen.

Was macht Kasernen, Parlamente, Universitäten, sonsterlei Häufung erträglich? Denk dir das Gegenteil. Wo lauter Intelligenz versammelt wäre, könnte die Summe nur Dummheit sein.

Gesunde, Kranke

Es gibt Krankheiten, die wieder Krankes suchen, und solche, die sich an Gesundes halten. Und diese umfassen wieder welche, von denen Gesundes befallen wird und andere, die an Gesundem eingehen.

Der Satz, daß einem das Zukommende zukommt, gilt. Nur im Märchen geht es anders zu, hier wimmeln nur so Verdienst und Unverdienst.

Tobende Gesundheit vor Augen, pausbäckige Gedanken und rotwangige Ideen, die sich für fiebrig halten und für treibendes Quecksilber.

In der Krankheit geht manchmal eine Sonne auf, daß einem heiß wird beim Gedanken an die Freunde, die sich um einen erwärmen jetzt, man möchte nichts als strahlen, man läuft seinen Feinden hinterher, den kalt Geschrumpften.

Es gibt abgeleitete Gesundheiten, oder: Gesundheiten höherer Ordnung, die sich dort errichten, wo Kranksein nicht voneinander loskommen heißt. Die Ordnung dieser Gesunden erhebt keine Ansprüche auf die Welt, sie ist mit ihrer eigenen Pflege beschäftigt. Das spürt, wer austritt aus ihr – er hat das Bild der Urgesundheit vor Augen und kann nicht anders, kann kein anderer sein als ein Kranker, einer, der sich in den Verbund der Gesunden einrollt.

GEHEILTE

Heilung, die kommt, muß unbemerkt eintreten. Das geschieht, wo das Heil im Krankenzimmer Aufstellung nahm, auf des Kranken Erwachen wartet, dessen Warten übersieht und reglos verharrt. Der Kranke entschlummert, und beim nächsten Erwachen ist da wieder das Heil. So geht das Tag für Tag, und der Gesunde bemerkt, daß das Heil immer noch nicht gewichen ist, und so bleibt er selbst im Zimmer.

Hat der Eintritt des Heils nicht Ähnlichkeit mit der Ankunft der Macht, der wirklichen Macht? die sich als überlebenslang erweist in ihrem Eintreffen, Dauern und Andauern? die einen mit allen Arten von Gegenwart so in das Heil wiegt wie die Frauen der Familie einen in den Schlaf gesungen haben?

Die Existenz eines Wesens, in dessen Anwesenheit alle Wünsche schweigen durften, wirft einen zu langen Schatten auf alle folgenden Verhältnisse; man verkühlt sich hier gegenseitig in einem Wünschen, das auch durch Nähe nicht zu heilen ist, man hat sich zu lange in wunschloser Nähe gewärmt.

Jeder Trost, der es ehrlich meint mit dem Getrösteten, muß zugeben, um wieviel höheres Leid er auf das Trostlose häuft. Das kann kein Tröster. Darum gehen die Trostgründe nicht aus in der Welt.

Zwischen dem, was sich nicht um dich kümmert und dem, was du herstellst, ist kein Unterschied. Zwischen den Bringern des Heils ist kein Unterschied. Nur das Unheil geht auf dich ein.

Körperlagen zur Annahme des Heils. Weder das Stehen noch das Sitzen noch das Liegen wollen passen zur Daseinsfreude. Etwas zwischen Gehen und Versinken.

Ein geheiltes Volk ist ungefähr so anmutig wie ein Unglück, das sich abschaffen ließ.

Aussicht auf Heilung, wenn sich zu jedem kleinen Übel das größere findet, dem man es anhängen kann.

Das verstörte Aufblicken der Zeit, wenn man ihren Heilungen dazwischenkommt.

Versäumnis, das sich nur durch Versäumnis heilen läßt.

Alles Heil in der Aussicht, sich von seiner Not unterscheiden zu können.

Müßten wir einige Krankheiten nicht verbergen, so würden sie nichts zu unserem Heil beitragen.

Ist das trostlos, daß es kein Heil gibt, weil man es in der Heilung nicht finden kann?

In der vielen Zeit, die man für seine Nachkommen hätte, würde man sehen, daß sie nur durch die Arbeit zu heilen wären, die ihnen fehlt.

Die Kinder unschuldig zu halten heißt, ihnen von Arbeit zu sprechen.

Man hat alle Heilmittel um sich versammelt und entschläft mit seiner Krankheit. So sieht das aus, an des Tages Ende.

Das geheilte Leben schämt sich nicht nur seiner Entstehung, sondern auch seines Entschlummerns nicht.

Weltheilung sieht, in einer Art Großzügigkeit, die Heilung kleinerer Wehwehchen mit vor. Die kleinere Heilung ist so mit sich beschäftigt, daß sie eine Heilung des Großenganzen nebenbei befördern mag. Es handelt sich um zwei Ungenauigkeiten, zwei Arten von Überheblichkeit, aber wo die eine bloß ungenau ist, da ist die andere bloß überheblich, und umgekehrt.

Ein Kosmos von Wesen, die man respektiert, wo man sie nicht ernst nehmen muß, ständig expandierend, zu einem Gelächter von immer größerer Ausschließlichkeit. Erst am Schluß, wenn alles lacht, kann man sich auf Gesten der Zerstreuung einigen, die Gesichter werden ernst und still, niemand mehr muß fürchten.

FREUNDE, FEINDE, FREMDE

An eine Art Freundlichkeit glaubt, wer nicht immer die gleichen Feinde vor der Nase hat.

Von Feinden und Freunden verlassen, fühlst du dich fremd in der Familie, in die du eingekehrt bist.

Liebreich einander zugewandt. In der Umarmung: das reine Bild der Feindschaft.

Seinen Feind nicht sehen – von ihm erkannt werden – ihm alles verdanken.

Allerlei Gefühl, über das man nachdenkt. Feindseligkeit eben.

Eine Welt, in der nicht mehr Freunde oder Feinde begegnen, sondern nur noch Bekannte und Unbekannte.

Freundschaft ist Erfüllung, alle Erwartung richtet sich auf die Feinde.

Die Freunde kommen nicht, sie bleiben, wo sie sind.

Freunde sind, was man nie benötigte, daher das Schickliche eintretender Freundschaft.

Der gute, bessere Ruf der Freundschaft aus der Unmöglichkeit, mit sich selbst befreundet zu sein.

Freundschaft verändert die Lage, die sie erzwang. Unsere Neigung beginnt, wo wir den ersten Eindruck vergessen – wo uns mit den Fremden nichts als Freundschaft verbindet.

Das Unglück, das eine erwürgte, verlorene usw. Neigung loslaufen läßt – man kann ihm ein Bein stellen durch verweigerte Freundschaft. Nichts wäre leichter, als mit seinem Unglück vertraut zu tun. Der Freund darf alles wissen, er fühlt ja nichts mehr. Das Leben geht weiter, daran wird das eigene überzählig. In dem gewichtslosen Stande sein, der solche Mitteilungen zu Ohr nehmen muß, einen Augenblick oder ein Leben lang in Stellung sein …

Die unglücklich passionierten Völker, wie die von fremder Passion gelangweilten, sind an die Einsinnigkeit des Unglücks und des Überdrusses gewöhnt, so sehr, daß sie am Ende an einseitige Freundschaften glauben, an Freundschaften, die nicht »erwidert« werden.

Freundschaft: unmöglich nicht wegen der Konkurrenz, sondern durch eine Überflüssigkeit jedes der Freunde, deren Ausdruck das Konkurrieren ist.

Die Erleichterung, wenn man nicht mehr vertrauen muß ... Wenn man endlich mißtrauen darf. Wenn man endlich fliegen kann, ohne die Flügel zu bewegen.

Die Freundschaft ist der Passion vorzuziehen schon darum, weil sie die Einsamkeit begreift, ohne sie zu zerstören.

Eines trägt dem anderen Freundschaft an. Andere Erniedrigungen gibt es nicht, zwischen den Völkern.

Irgendwann tritt tatsächlich ein Geschlecht auf, das nach Freunden verlangt, nach dem Unwünschbarsten; für diese Vermessenheit werden ihm selbst die Freuden der Einsamkeit verwehrt.

Große, Kleine

Das Kleine erkennt man gleich, an seinem Wissen um Kleineres.

Viele leise Leute, Umarmung statt Begrüßung.

Ideen so schmächtig, daß man sie nur vertreten kann.

Früher mußte man sich klein machen, später ist man es von Geburt.

Kleine Geister ereifern sich über kleine Dummheiten, große über große und kleine.

Wie klein das Volk geworden ist, sieht man daran, daß es für alles Verwendung hat.

Gut leben wollen, das zielt auf Rache am Dasein, mindestens.

Es muß doch eine Art prachtvollen Verkümmerns geben.

Ist die Größe der eigenen Armut entdeckt, so liegt nichts Anrüchiges in der Entdeckung fremder Armut, die einem die eigene stopft.

Jemand steht in einer Ordnung sehr weit oben, aber sie überträgt sich nicht auf seine Bewunderer. Das vergessen diese. Sie sollten die Ordnung bewundern.

Viele kleine Völker vor dem Kadaver einer großen, zivilisierten Nation, die jene gequält hat, aber nicht an ihnen zugrunde gegangen ist. Die Gesichter der Kleinen siegesstolz, aber nicht gefaßt. Sie fassen nicht soviel Sieg. Sie behalten ihre Gesichter.

Wenn ein Volk einen Dichter, einen Deuter von gewissem Ausmaß hervorgebracht hat, dann muß es sich, kann es sich nur um ein Volk von Winzlingen handeln – vor diesem Ausmaß.

Der Dichter stiehlt seinem Volk mehr als den guten Schlaf, das ruhige Glück – er schlürft ihm sein Leiden weg, macht sich zum trunkenen und einzigen Vorsprecher dieses Volkes. Eines Volkes, das nicht mehr zu mucken, nicht zu jammern wagt.

So arm ein Siegervolk auch sein mag, es kann dem Besiegtenvolk doch die Freuden der Leiden unendlich geben und ganz, es kann sich in seiner Armut geopfert fühlen für das, was unter ihm wohl- und wehklagt.

Man kann kleiner machen, was man ist, aber man kann nicht kleiner machen, was man getan hat. Das ist die Größe und die Verstelltheit der Kleinen.

Herrschende, Beherrschte

Spät rechtfertigt sich die kindliche Empfindung: Hat uns die Herrschaft zu Opfern gemacht, dann soll sie auch sorgen für uns.

Würde ein Gott die Logik verbieten, man müßte der Logik mißtrauen. Den Gott kennt man ja.

Selbstverständlich ist einem jeden Menschen jeder andere unverfügbar. Man erfährt es, wo ein anderer über ihn verfügt.

Ein Herrschendes, zu dumm zum Lügen ... Wenn es schon hier nichts vermag über die Welt, was erst, wo sie keine Meinungen mehr verbreitet über sich?

Beherrschtes Volk: seine Furcht, gedemütigt zu werden von dem herrschenden Volk, übertroffen durch seine Furcht zu verlieren, wofür es sich demütigen ließ – das herrschende Volk.

Zwangsherrschaft, das kann doch nur heißen: die Leute sind noch nicht dahin gebracht, sich Zwang anzutun.

Es kann nicht erniedrigen, von einer Macht abzuhängen, die ihre Vernichtung fertigbrächte.

Der Anfang ist die Zeit der Herrschaft, so wie das Ende die Gegenwart der Beherrschten.

Eliten, herrschende Klassen, hohe Kulturen. Besudelte Einsamkeit.

Nur ganz wenige Erniedrigungen, die einem Volk nicht auf die Sprünge helfen würden. Dazu gehört die Verblödung in großem Stil, durch übermäßig lange Zeugenschaft: Ein Volk ist an eine Macht, etwa ein anderes Volk gefesselt, das pausenlos quatscht, vor den Augen jenes längst verstummten Volkes zusammenbricht nach dem letzten Satz-Quatsch und eine Nation zurückläßt, die an machtgeschwängerter Langeweile ganz blöd geworden ist.

Untrennbar vom Beherrschtsein ist der Wunsch, das Herrschende zu verstehen. Gibt dieses einen Augenblick solchem Wünschen Gehör, indem es zur Erniedrigung die Einsicht, also die tiefere Erniedrigung fügt, dann ist es ums Herrschende geschehen, es stürzt hinterher in jene Tiefe, in die es seine Blicke warf.

Die Herrengeschichte endet mit einer Kränkung, endet mit dem Einsehen, daß die Beherrschten alles vom Ende her zuließen, daß sie aus der Fülle des Endes sich verstreuten, dies und das liegenließen, zum Besitz überließen, um arm und frei von ihren schwerbeladenen Herren angetroffen zu werden, eben hier.

Ein Schreckensregiment, das sich durch Bescheidenheit auszeichnet, das auf Außenpolitik verzichtet, das genügsam die Seinen quält und genug davon hat, so daß ihm noch auf 1000 Jahre ihresgleichen nicht versiegen – was macht seinen bewegteren Anliegern solches Unbehagen? Es bedroht sie so wenig, wie es ihre eigene Vergangenheit tut. Die verschwand mit ihrem Jammer und ihren Jämmerlichkeiten vor der Ankunft einer freibeweglichen Welt, man erfuhr nichts von dieser Vergangenheit, es gab keinen Hinweis eines Verschwindens. Man könnte sagen: sie dauert noch.

Wo die Alten herrschen, da sorgen sie dafür, daß sie keine Erfahrungen mehr machen müssen. Beherrscht wird man von Erfahrungen, die Ältere überlebt oder auf einen losgelassen haben. Sie lassen einen nicht alt und nicht herrschend werden. So sind Herrschaft und Alter einander wert.

Älter

Man beginnt zu reden, wenn man nicht mehr hören will. Das Kind versteht seine Eltern und spricht.

Wer wollte Kind sein in einer Welt, wo die ersten Schläge nicht von den Eltern kommen?

Was vom Kind gefordert ist, ist mehr als Vertrauen, mehr als ein großräumiges Ohr für Versprochenes, es ist Gleichmütigkeit. Erst wo alles gleich gilt, muß man und kann man begreifen, erst hier hält man außerdem so etwas wie Einfälle aus heiterem Himmel für möglich. Von der Gleichmütigkeit, die wir als Kinder lernten, werden wir uns ein Leben nicht erholen.

Eine zuckrige Idee alternder Kinder ist, selbst nicht wieder Kindern ein Geheimnis zu sein, d.h. dauerhaft ein Vorleben zu haben, wie es die Eltern einst hatten. Sich von diesen begraben zu lassen, sich um- und einrahmen zu lassen vom Leben der Eltern. Die Alten, die solchen Rahmen abgeben müssen, sind die unglücklichsten Wesen der Schöpfung. Das wäre anders, wenn sie keine Geschichte hätten, die auf die Auslegung von Kindern hintriebe, darin zur Vorgeschichte würde und dennoch nicht aufhören wollte. So sind sie unglücklich immerzu. Der Schöpfer ist allgegenwärtig aber auch in solchen Episoden. Wie sie möglich waren, muß ihn nicht bekümmern. Wenn seine Schöpfung den

Zeitsinn verlöre, wäre ihr da geholfen? Sie würde sich von allen Seiten umstellt fühlen. So fühlen sich die überalterten Kinder der Gegenwart nicht.

Wenn überalterte Kinder anspruchsvoller werden in ihren Melancholien, sich nicht mehr nur nach der alterslosen Kindheit, sondern dem Alter ihrer Ältern sehnen, das sie in eine Kindheit entließ …

Es ist nicht erlaubt, am Spracherwerb eines Kindes Trauer zu empfinden, es kann nicht verboten sein, sich an der Vielspracherei eines Heimatlosen zu betrüben …

Am Ende sind die spielenden Kinder gerade nicht die unschuldigen, man will ihnen nicht zusehen, sie haben auch nichts zu zeigen, sie kommen über einen mit ihren Spielen.

Dein Erdenbürger: Antwort auf eine Welt, deren Frage du überhört hast.

Weder die spielenden noch die schlafenden noch die toten Kinder wollen einem unschuldig vorkommen. Woher kommen sie?

Man kann nichts mehr von den Alten und nichts mehr von den Kindern hoffen, beide bedrängen, die einen durch ihre Zahl, die andern durch ihr Fehlen, die einen daheim, die andern in der Fremde.

Schlecht angewandte Selbstsucht, die gegen die Eltern, also von ihnen weg, also ins Dasein drängt, für das einen Ausgleich zu verlangen die gut aufgewandte Selbstsucht sich nicht schämt, die folgsame, rücksichtige, sehnsüchtige, vorgeburtliche.

An den Kindern enttäuscht, daß sie immer nur Nachkommen sind, daß sie, trotz ihres spektakulären Eintritts, in der Welt bleiben, in der man ihnen entgegensah, daß sie sich nach einem bewegen werden zu demselben Ende, daß man in der Regel ihren Austritt nicht erlebt, so wie schon ihr Übertritt ausblieb.

Das Unnötige, das man in seinen Nachkommen erkennt, versucht einen, den eigenen Vorgang für nötig zu halten. Wenn man nur das Nötigste tut, schwinden die Versuchungen. Die Selbsterhaltung versucht nicht, sie macht keine Unterschiede.

Wer würde sich bei Kindergeschrei nicht die Tasche vollügen und sehnen, daß noch wo grundlos zu schreien sei?

Das Mysterium der Kinderlosen ist, was sie nicht hat, das Mysterium des Kindes wird, daß man es hat.

Man verliebt sich in eines dieser bösen Kinder, die keine Kinder nach sich dulden, und das ist das Ende, am Ende trägt die Bosheit alles in sich, sie gebiert nichts mehr.

Die Kinderlosigkeit vor der Welt, die nicht gut wäre für die Kinder, geht bei dem Wissen, was gut ist für die Welt ohne Kinder.

Zu spät und zuletzt stellt sich doch wieder das Mitgefühl ein, man möchte seine Eltern an Kindes Statt annehmen, man möchte wiedergutmachen, was an ihnen verbrochen wurde. Man möchte das Ganze beschließen.

Die Ehrfurcht und das Grauen, womit man die Alten betrachtete, auf die Kinder wenden …

Was einen immer liebte, hört auf zu bestehen, was weiterbesteht, liebt einen nicht mehr. Die zwei Verluste, vereinigt im Kind, dessen Nachleben und Vorliebe einem entgeht.

Mit einer Anzahl von Lauten kommt man zur Welt. Wozu man ihrer bedarf, lernt man dort. Der vorweltliche Zustand ist reines, unveranlaßtes Geschrei, die sogenannte Sphärenmusik.

Kinder verfallen ins Stammeln, je mehr sie in die Jahre kommen, aber sie selbst treten in Satzform auf, in der Form von Behauptungssätzen. Man fühlt sich durch sie widerlegt oder verraten.

Eine Kinderrasse, der schwindlig wird bei dem Gedanken, daß sie ihren Eltern einst ausgeliefert war, benannt und beköstigt von ihnen.

Die Jungen, die glauben, daß mit ihnen die Welt ende, und die Alten, daß sie angefangen habe mit ihnen …

Jene Zeit, da der Mensch sein Alter einstreicht wie seinen Besitz ...

Sauer gewordene Existenzen, voller Tränen, die ihnen kein Nachkomme melken wollte ...

Mit Erdzeitaltern unterdrückten Geschreis kommt man auf die Welt, aber erst die Nachfrage der Alten, ob es einem wehgetan habe, läßt etwas davon verlauten.

Alles hat man seinen Nachkommen verziehen im Laufe ihres Lebens, selbst die schlaflosen Nächte, nur das nicht, daß sie einem die Träume ausräumten.

Aus dem kindlichen Verzeihen erlittener Geburt wächst den Eltern eine lebenslange Liebe entgegen. Sie nimmt es auf mit der Gewissenlosigkeit aller menschlichen Gabe.

Die Nachkommen, die uns einmal alles verzeihen werden, kommen zu der Entdeckung, daß sie gar nicht von uns her kommen – daß wir ihnen bloß zugelaufen sind.

Die Ältern haben vor nichts und niemandem Respekt, nur vor den Kindlosen, die an ihren Jungen stumm vorübergehen.

Unbeobachtet altern, den Kindlosen war es vergönnt.

Lohn der Treue, daß ihr keine Überraschung droht vom Alter des Anvertrauten. Die Furcht, die Ältern zu überleben. Der Geschmack am Alter.

Im Alter verliert man nicht die Lust, sondern die Vorwände der Lust, deren vorgeschobenster die Schönheit ist. So ist das Alter eigentlich die Lust an sich selbst.

Aus der Verkuppelung, der Mesalliance von Liebe und Zeit wächst, was einem Liebe und Zeit stehlen wird. Vor dem Neugeborenen stehen die Schlechtvermählten.

Fünf- bis Sechsjährige, die weder Vater noch Mutter spielen wollen. Eine Aussicht auf Zehn- bis Zwölfjährige, denen der Sinn fehlen wird für die Komödie des Berufes.

ALT

Das Leben, zu dem man sich verholfen hat, ist die umfassendste aller Kränkungen in ihrer Dreifaltigkeit: es hat einen werden lassen, angenommen und zur Verstoßung bestimmt. Man verkleinert die Kränkung, indem man einfältig zu werden sucht und sich selber kränkt oder andere: sich den Herrn sucht, der einen verstoßen wird, sich die Kinder schafft, die einen verlassen werden.

Altes Volk findet Beruhigung am Wiederholten, junges daran, daß sein Tun aus einem Stück ist, dessen nicht absehbarer Spitze es zutraut, in der Zukunft zu enden. Denken ganze Kulturen so, dann sind sie nicht wieder jung, sondern bloß kindisch geworden. Aber auch das läßt ja, nach den unvermeidlichen Unterbrechungen, auf eine Jugend hoffen.

Das Grauen vor Nachkommen kann nicht identisch sein mit dem Grauen vor dem, was kommt. Wenn das so wäre, käme nichts mehr. Was kommt, beruhigt einen wie die Katastrophe, die schläft und lächelt, egal wie man sie anschaut, die festhält und stillstellt wie das Neugeborene.

Natur und Geschichte geben den Alten zwanglos zu verstehen, daß diese nicht mehr für sie wachen müssen – daß die Munterkeit der Alten nicht mehr nötig sei und also auch nicht ihre Müdigkeit. In der Schlaflosigkeit erfahren die Alten, wofür ihren Brotherren die Fußtritte ausgingen.

Das Altwerden ist eine der Kränkungen, die sich in den Menschen Einlaß verschaffen können in einem Moment des Großmutes, der menschlichen Nachlässigkeit – vergleichbar dem Moment, da man morgens aufsteht, obwohl nicht alles ausgeträumt ist, vergleichbar den Momenten, da man wieder und wieder aufsteht.

In der Jugend empfängt man das Gute und gibt man sein Schlechtes, im Alter empfängt man das Schlechte und gibt man sein Gutes. Wo man derlei tut und leidet und immer allein bleibt, da stirbt man ohne Schulden.

In jungen Jahren die Freude unsrer Eltern, ja ihr Leben, wie sie uns versichern, können sie in alten immer weniger für uns aufkommen. Wir lernen daraus und altern beizeiten; schon die nächste Generation ist so vergreist, daß sie von der Jugendlichkeit ihrer Hersteller durch die Jahre geschleppt werden mag.

Man sorgt für die Alten vom ersten bewußten Augenblick, man weiß ja, bald müssen sie einen umsorgen.

Die Nachgeburten verhelfen zu der Einsamkeit, aus der man einmal die Vergangenheit erlösen wollte.

Man antwortet den Enttäuschungen, indem man enttäuscht. Das lange Leben, zu dem man sich verhilft. Älter werden als alles andere, die letzte Verheißung.

Leidenschaften, die verjüngen – die auf die Jugend zurückwerfen – die doppelt altern lassen.

Kindsein ist gekränkt sein, alt sein ist kränken und kränken lassen.

Die Mutter verrät das Paar ans Kommende, der Vater ans Gewesene.

In den alten Zeiten träumt man nach der Jugend, in den neuen spricht man von der Kindheit.

Seit man die Bosheit der Kinder nicht mehr kennt, weiß man ihre Langeweile nicht zu würdigen.

Seine Reife erreicht dieses Volk, wenn es ohne Vorgänger und ohne Nachfolger leben kann, ohne Eltern und ohne Kinder. Das bescheinigen ihm die Zeitgenossen.

Die Lebenslust wagt sich dorthin, wo sie ihre Grundlosigkeit erkennen muß, der Lebenslustige hat es zu einer Zahl von Jahren gebracht, die ihn jeden Zuwachs mit Schrecken erwarten läßt.

Die Jugend muß sich bedeckt halten und die Häßlichkeit auch. In mittleren Jahren geht der Mensch nackt.

Alter verallgemeinert, da trivialisiert es auch. Es gibt gewisse Sätze, deren Trivialität man sich erst verdienen muß, deren Sagen Verdienst sein muß, doch weit und breit läßt sich kein Verdienst dafür herholen, also erkennt man in den Trivialitäten alte Wahrheiten, die man sich erst verdienen muß, durch Wiederholen und Bewegungslosigkeit, Alterung eben.

Wenn man ein gewisses Alter erreicht hat, zerdrückt man kein einziges Insekt mehr, und man gibt acht, wohin man tritt. Die Leichtigkeit, mit der die Greise lieber Menschenvölker in Gräben oder über Felder schicken, versteht sich hieraus. Auch die Friedfertigkeit der Jugend, ihre Familien- und Völker- und Weltfriedlichkeit versteht sich, Friedenssüchte eines Lebensalters, das noch keinen Begriff von der Herstellung hat und nur zu leicht Fliegen klatscht oder Hühner köpft oder Fische fängt.

Die natürliche Richtung des Daseins, wo niemand Einspruch tut, ist ein allmähliches Verstummen. Jeder Augenblick bringt etwas, worüber sich schweigen läßt, und ein gepflegtes Gedächtnis sorgt dafür, daß man dieses Schweigen wachsen sieht. Das Ende wäre ein Schweigen im Vollbesitz der Fülle, des Gedächtnisses. Aber die Dinge gehen anders. Über den Verlust des einen Wortes läßt sich nicht schweigen. Darum wird immer mehr. Dem Alter wird das zuviel. Das Ende bringt aber erst der Zusammenbruch des Gedächtnisses. Man bleibt auf den paar Worten sitzen, die man einst machte über den Verlust des einen.

Die Eltern

Älteres wankt, wo es Eigenart zeigt.

Die ersten Loyalitäten gegenüber dem Schöpferpaar, die frühen Ausscheidungen. Sie setzen sich fort, desto heftiger, je mehr sich das Paar zu seinem Ursprung zurückzieht.

Sein Leben erholt man sich nicht von der Fremdartigkeit der Eltern, von der Unwandelbarkeit, die sie dasein und ein Leben nachkommen ließ.

Man wird dreimal verraten: von den Eltern, die einem wegsterben, von dem Gatten, der immer wiederkehrt, von den Kindern, die nicht sogleich gehen.

Wahrscheinlich verliert man mit den Eltern das letzte Wunder. Das Staunen, das sie ermöglichten, richtete sich auf ihre Existenz. Anders kann man sie nicht bestaunen. Eigentlich ist es die eigene, von ihnen geschaffene und erhaltene Existenz, die einen in Verwunderung versetzt. Wo man sich selber nicht mehr erstaunlich finden kann, da staunt man die Ursache seiner Beiläufigkeit an.

Die Liebe der Eltern, wie alles Nicht-Katastrophische, Nicht-Zustoßende, Nicht-Momentane, geht immer nur in einer Richtung fort, von einem unabsehbaren Ende zum andern. Das so geliebte Kind schaut also nicht zurück, sondern folgt dem Finger der Elternliebe weiter in die Welt, da ist es auf sein Volk, seine Zeit gewiesen, und alles Maß für Dankespflichten geht ihm verloren. Solche junggeliebten, liebessüffigen Kinder folgen dem Weg ihrer Eltern, sie gehen durch ihr Volk, ohne es zu berühren, ohne sich umzusehen. Ihr ganzes Leben ist eine Abwendung von man weiß nicht was.

Den Weltaltern, in denen die Eltern die Kinder verfolgten, folgen die Weltalter, da sie zunächst gleichgültig vor ihnen stehen, dann die Kinder fliehen. Die Ära der selbstsüchtigen Alten beginnt mit einem nie gekannten Kindersegen. Die Selbstsucht begann mit einer Gleichgültigkeit, die alles Kindliche zuließ, sogar seine Personwerdung. Die Gleichgültigen, die Früchte der Gleichgültigkeit wachsen immer traubenweise, sie drücken ihre Erzeuger fort und fort, ins Alter und ins Vergnügen.

Zwischen Männern und Frauen, wie zwischen Toten und Lebenden, ist alles erlaubt. Wo sich die Erlaubtheiten vermischen, werden sie zu Geboten. Männer und Frauen geraten zwischen Lebende und Tote: zwischen Eltern und Kindern ist nichts mehr erlaubt und alles geboten.

Ein ganzes Leben lang, ihr ganzes Leben lang hält einen die Liebe der Eltern davon ab, sich ihrem Verlust anzumessen. Tag für Tag verplempert man mit den Handreichungen und Hinnahmen der Zuneigung, bis man steifdumm steht in seiner Trauer. Auch Völker stehen manchmal so.

Besitz ist, was neben einem zu leben beginnt und trotzdem weiterleben läßt. Man besitzt seinen Körper nicht, denn man ist nichts anderes, aber man besitzt, was aus ihm hervorgeht und worin er eingeht. Der Besitz überlebt einen, wie die Kinder, die Eltern.

Ein Wesen, das noch nicht sein Ende in der Hand hat, aber schon Klagelaute ausstoßen kann – man wird es nicht ernstnehmen, sondern in Pflege.

Man kann die Eltern nicht ersetzen, das wollten sie nicht wissen, als sie nach den Geburten weiterlebten.

Man bringt kein Vertrauen auf zu dem, was ohne einen sein konnte. Vorleben der Eltern, Götter, Gatten.

Man verrät die Eltern an die Gatten, die Gatten an die Kinder. Der Wunsch nach dem Zukünftigen ist verräterisch.

Seit wir niemandes Eltern sind, wissen wir, was aller Welt außer uns gut tut.

Nach der Abschaffung des Kindes datiert das Ende der Eltern die Mitte des Lebens.

Ruhiges Nebenher von Eltern und Kindern, ohne Groll noch Dankbarkeit über Vorfindlichkeit und Hinzugestoßensein. Vorbild an dem elterlichen Ehesein, Rückholung der kindlichen Kälte vorehelicher, vorkindlicher Existenz.

Irgendwann bekommt man Angst vor dem Gefühl, denn es ist so groß geworden, daß man es verehren muß. Man schlägt es tot und setzt ihm ein Denkmal: den Vertrag, die Nachkommen. Der Kontrakt verewigt das Gefühl, eine Vergangenheit, die nicht mehr vergehen kann, weil man ihr nicht ansieht, ob sie jemals Gegenwart war; die Kinder treiben dem Gefühl das Kindische aus und versuchen es, sie selbst für seine Wiedergeburt zu halten.

Die Eigenliebe erspart einem die Eitelkeit. In der Liebe zu seinesgleichen erwärmt man sich an der Idee, geliebt zu werden, das ist zwischen Eltern und Kindern niemals so. Die Reinheit des kindlichen Egoismus – seine bestrickende Uneitelkeit – verhindert lebenslang die Umkehr der Gefühlsrichtung; es wäre nicht weniger als Absturz, Umsturz der Weltordnung, wo ein Kind die Mutter bemutterte.

Staunen und Schwindel befällt einen beim Lesen elterlicher Liebesbriefe, eben jenes Kreiseln, das man vorm eigenen Stand nicht mehr erfährt.

Sich von einer Mutter befreien wollen, das ist so verschroben gewünscht, wie sich befreien wollen davon, daß man einer Frau zur Befreiung dienen mußte. Kränkungen lassen sich nicht nachholen.

Die hier und da noch dampfenden Mütter lassen beschlagene Ratlosigkeit zurück.

Wenn Fremdartigkeit nur Unverrückbarkeit wäre, dann wäre einem die Mutter das fremdartigste Wesen.

Eine Mutter und ihr Junges: können zwei Wesen verschiedener ausgehen?

Die zarteste, zäheste Form von Verschuldung, die man eingehen kann … man bestätigt, als ob man gewählt hätte, man wählt, als ob man bevorzugt hätte.

Zuerst gehen die Frauen aus, für die Geld zu verdienen, dann die Männer, für die Kinder zu gebären, schließlich die Eltern, für die Kapital anzulegen wäre.

Zwei Arten von Wesen, die grundsätzlich nichts zu schaffen haben miteinander. Die Gründe für ihr Dasein und ihren Erhalt sind auf verschiedenen Äckern gewachsen und zu verschiedener Zeit. Jeder Umgang, jede Annäherung zwischen beiden kann sofort in Wut krepieren. Die Strenge und die Freundlichkeit der einen sieht das voraus, die Eltern haben schon mehr und anderes gesehen als ihre Kinder.

Man vergilt den Eltern, indem man ihnen unkenntlich wird, sich der Welt und ihrer Geschichte gehörig zeigt. Was sie an einem lieben, das gibt es nicht mehr, und man selbst liebt sie auch nicht mehr in alter Weise. Aber man liebt in ihnen den, den sie nicht haben wollten und nun wiedergefunden meinen in der Welt, und so liebt man sie doch noch.

Familienrecht

Einer, der wieder einkehren will. Aber er weiß: wenn er in diesen Schoß zurückkehrt, muß ein anderer hinaus.

Ein Volk von Verbrechern

Was uns widerfahren ist, das wird uns frei machen.

Alle besseren Regungen kommen aus dem Unverständnis schlechten Betragens, also aus dem Vergessen, also aus der Unerzogenheit.

Ein Volk, das von den Verbrechen der Vorzeit lebt, das aber kein bißchen Dankbarkeit für sie aufbringt. Einmal, weil es zu zahlreich für diese Regung ist, sie verlöre sich im Allgemeinen. Zum anderen, oder vielleicht vom Gleichen, weil die Verbrecherzeit nicht gründlich genug wütete, in dem Nachfolgevolk zu viele Hungermäuler übrigließ, mit üblen Erinnerungen kaum je zu stopfen. Es wäre noch denkbar, daß ein solches Volk von vorzeitigen Übeln sein Leben nährt, es ihnen aber nicht verdankt. Da wäre wenig über die Vorzeit zu lernen und viel über das Übel, wie es aus- oder einbricht in ein Volk, das schon der Geschichte zuviel war, weil es noch weiterleben darf, das aber erst der Gegenwart lästig fällt und darin seinen Einbruch erkennen muß.

Sein Leben lang träumt man von der Rache – von einer Zukunft, die sich beherrschen läßt.

Die Rachsüchtigen träumen mit offenen Augen, die Verzeihenden schlafen mit offenen Augen.

Keine Reue ist untröstlicher als Reue über verschenkte Anteilnahme.

Bedeutende Verbrechen ließ sich ein Volk antun, es ist bereit zu verzeihen, will nun aber um seiner selbst willen geliebt werden; man hat dem nichts entgegenzusetzen, es wird um seiner selbst willen gehaßt.

Wer kräftig genug ist, einen Verbrecher zu töten, der gesteht und prahlt, daß das Verbrechen nicht an ihm verübt wurde. Ungekrümmten Haares schlägt so einer zu. Wie die Sonne zieht so einer auf. Ohne Leid und Schuld, kann er zum Verbrecher werden, zum reinen Verbrecher.

An den gefallenen, den geschichtlichen Völkern fällt vor allem das auf: Sie haben in ihrer Geschichte jede Kraft zum Bösen verloren, jede Kraft aus dem Bösen, sie kommen ihren Verbrechen nicht hinterher. Das Böse ist nurmehr, was sie erleiden – was sie durch die Zeiten schleift.

Die Suche nach Gründen für Strafen, fast so eitel wie die Frage nach dem Verbrechen, nach seinem ersten Grund.

Man stirbt nicht und man verbricht nichts für ein Volk, das seine Verbrecher nicht sterben läßt.

Man bereut da, wo man sich unschuldig fühlt, in der Gegenwart.

Es ist leichter, im Herzen des Bösen zu leben als in seinem Angesicht.

Ein Verbrechen kann man bekennen oder bereuen.

Die Geläuterten bedauern nichts.

Rachsucht ist Treue zum Feind.

Schuld kann Leben verlängern.

Verbrechen lassen sich überbieten, wenn man sie zeigt.

Unrechtes wird sichtbar, wenn es nicht mehr dauert. Also wenn ihm Unrecht geschehen ist.

UNRECHT TUN

Es ist ganz und gar richtig und überhaupt nicht zum Hinterherlachen, daß der Lauf der Zeiten der Gang der Gerechtigkeit ist. Wenn man eingesteckte Prügel Unrecht nennen und sie vollständig vergelten könnte, dann hätte sie einen nicht beschädigt, man besäße die volle Kraft, das Unrechte zur Umkehr zu zwingen. Man könnte es auf den Rückweg schicken. Derlei ginge nicht in der Zeit. In der Zeit ist man niemals in der Lage, Empfangenes in derselben Bahn zurückzusenden. Also muß ja die Gerechtigkeit immer am Schluß kommen. Das heißt, daß es eine Gerechtigkeit nur in einer Welt gibt, wo man irreparable Schäden zufügt. Der Reparateur muß den Schädling, den Überdauernden schädigen und so fort. Aber die Gerechtigkeit ist nicht bloß – wie ein Gott wollen könnte – die aus Raum- gewordene Zeitordnung, sie ist mehr als das, sie schließt jene mit ein. Irgendwann muß man einander gegenübergestanden haben, fähig, sich alles erdenklich Schlechte anzutun. Einer tat es und brachte die Gerechtigkeit auf den Weg.

VÖLKER ÜBER UNS

Mein Volk läuft der Sonne hinterher, die untergeht, es trifft auf ein Volk, das ihr entgegenläuft; in dessen Untergang kann es eingehen.

Nachkommen können uns nicht erlösen von uns, weil sie uns nicht ablösen können, sie wären nur, was über uns käme – uns weiterzuleben zwänge unter ihrem Deckmantel,genäht aus unsren Entdecktheiten.

Täglich schwindet unsre Lust auf Nachkommen, täglich schwindet unsre Lust, irgendwem noch irgendwas zu erklären.

Für Wesen, wie wir sind, hätte Nachkommenschaft den Reiz der Zuteilung, der Auflösung, der Zerstreuung; als Kleinorganismen fühlten wir uns von weniger Selbstsucht geplagt. Die Plage geht einen anderen Weg, was uns noch verblieb an Kräften, wird aufgeboten für die Erhaltung des Nachgekommenen, die Nachkommen sehen und erben von uns nur die Selbstsucht.

Man gehört zu einem Volk, das sich einer fremden Familie unterschieben will; man stellt sich elternlos und ist doch bloß kinderlos; man möchte von den Fremden aufgenommen sein, um sie zu verstoßen.

Was wir von unsern Nachkommen schon jetzt wissen können: daß unser Weggang ihnen weniger Schmerzen bereiten wird als unsern Eltern – daß unsre Eltern in der Trauer nicht zusammenkommen mit unsern Kindern.

Ich weiß nicht, woher sie gekommen sind. Sie fragen mich, was ich hier noch mache. Ich frage sie nichts. Was sollte ich *sie* fragen?

Berlin/Baltimore 1994–2001

edition fatal

CD-Edition

Alle Bücher von »edition fatal« sind auch als PDF-Dateien auf CD erhältlich. Damit wird es für Sie möglich:

- im Volltext nach Namen und Begriffen zu suchen,
- eigene Anmerkungen zum Text hinzuzufügen,
- Text zu kopieren und beispielsweise (als Zitat) in Ihre Textverarbeitung zu übernehmen,
- beliebige Seiten im DIN A4-Format auszudrucken.

Auch dieser Band ist als Buch-CD erhältlich. Als Besitzer des gedruckten Buches können Sie die CD zum halben Preis beziehen! Füllen Sie dazu einfach das Formular auf der Rückseite aus und senden Sie es an »edition fatal«.

Online-Bibliothek

Darüber hinaus können alle bei uns veröffentlichten Bände auch »online« über unsere Online-Bibliothek – kostenlos! – abgerufen und gelesen werden. Und auch hier ist eine Volltextsuche möglich. Allerdings können Sie, anders als bei den Buch-CDs, keine Anmerkungen zum Text hinzufügen, Zitate übernehmen oder Seiten ausdrucken.

>> www.edition-fatal.de

Bestellung

An:
»edition fatal« Verlagsgesellschaft
Edelweiss-Str. 9
81541 München

Name: ....

Vorname: ....

Strasse: ....

....

PLZ und Ort: ....

Hiermit bestelle ich folgenden Titel als Buch-CD im PDF-Format (erfordert Adobe Acrobat-Reader ab Version 3.0 sowie HTML-Browser) zum Vorzugspreis für Buchbesitzer:

Jürgen Große: ***Aus Volk und Familie***

Preis: 50% des empfohlenen Ladenpreises (derzeit also 50% von 15,00 Euro = 7,50 Euro), zuzüglich Versandkosten.

Datum:

Unterschrift: ....

Roberto Lalli: Diktatur als Demokratie
Versuch einer Theorie über den Kern der Globalisierung

Leben wir in einer Diktatur? Ja. Zumindest dann, wenn wir Diktatur folgendermaßen definieren: als gewollte Differenz zwischen dem, was den Menschen zugänglich und möglich wäre, und dem, was ihnen tatsächlich zugänglich und möglich ist. Diktatur meint hier das *Diktat der Differenz* durch die Wenigen, die Durchsetzung des Mangels Vieler zugunsten des Überflusses Einiger, die Durchsetzung der Ohnmacht vieler zugunsten der Macht einiger Weniger.

Diktatur meint so verstanden also nicht notwendigerweise eine Lebens- bzw. Staatsform des Terrors, nicht von vorne herein ein System, in welchem die »persönlichen Freiheiten« gewaltsam für alle sichtbar eingeschränkt werden. Sie wird von mir vielmehr als Lebens- bzw. Staatsform begriffen, in welcher die Gewalt der Wenigen gegenüber den Vielen durchaus von den Vielen so weit verinnerlicht worden ist, dass sie ihnen selbst gar nicht mehr als solche erscheint. Die Diktatur, die ich meine, ist *unsichtbar, unpersönlich und unbestimmt*, sie ist – einem »schwarzen Loch« gleich – nicht direkt wahrnehmbar, sondern nur über die Betrachtung der Ablenkung von Licht: Sie ist Verdunklung durch Verblendung, die auf eine Diktatur als Ursache verweist.

>> online lesen/Infos unter: www.edition-fatal.de/isbn3935147104.html

Daten zum Buch:

Originalausgabe, München 2002

100 Seiten

Buch: ISBN 3-935147-10-4
CD: ISBN 3-935147-11-2

Empfohlener Verkaufspreis: 12,00 Euro

Anil K. Jain: Medien der Anschauung

Theorie und Praxis der Metapher

Die Metapher ist ein machtvoller »Ort«: sie ist das Leben und der Tod des Diskurses. Als »sinnliche« Gegenwart der Differenz, als Abweichung von der Kontext-Logik, kann sie als ein kreatives Medium der (interpretativen) Erkenntnis*bildung* wirken – wenn man sie und ihre Deutungen kritisch reflektiert und sich nicht in ihrer Dialektik verstrickt. Diese »Anschauung« der Metapher bildet die Basis für die hier vorgeschlagene metaphorisch-imaginative heuristische »Methode«, die aus drei Schritten besteht: *imaginative Übertragung, Verdichtung und überschreitender Retransfer/Rückübertragung*.

Gerade eine metaphorische Methodik kann freilich nicht abstrakt bleiben. Deshalb wurde dieses Verfahren hier auf die Metapher der sozialen Landschaft angewandt, die die Durchdringung von Natur und Gesellschaft, von Zeit und Raum zum Ausdruck bringt. Und genau das ist es, was wir aus der Rückübertragung dieses (morphologischen) Bildes lernen können: daß Fragen des Raumes für die Betrachtung der (globalisierten) Gesellschaft zwar zentral sind, daß Zeit und Geschichte aber darüber nicht vergessen werden dürfen, daß sich die sozialen Strukturen nicht gänzlich in virtuelle »Flows« auflösen, sondern »materielle« Grenzen jeder Transformation bestehen und daß genau dieses Bewußtsein notwendig ist, um Veränderung aktiv zu bewirken, den Raum der Utopie zu erschließen.

>> online lesen/Infos unter: www.edition-fatal.de/isbn3935147066.html

Daten zum Buch:

Originalausgabe, München 2002

168 Seiten

Buch: ISBN 3-935147-06-6
CD: ISBN 3-935147-07-4

Empfohlener Verkaufspreis: 15,00 Euro